지구자전설과
우주무한론을
주장한

湛軒　洪大容

박성래

한국외국어대학교 사학과 명예교수
과학사
논저로는 『한국 과학사』 외 다수

지구자전설과
우주무한론을 주장한

홍대용

초판1쇄 발행 ㅣ 2012년 12월 20일

기 획 실학박물관
지은이 박성래
발행인 홍기원

총괄   홍종화
디자인 정춘경
편집   오경희·조정화·오성현·신나래·
       정고은·김정하·김민영
관리   박정대·최기엽

펴낸곳 민속원   출판등록 제18-1호
주소 서울 마포구 대흥동 337-25   전화 02) 804-3320, 805-3320, 806-3320(代)
팩스 02) 802-3346   이메일 minsok1@chollian.net   홈페이지 www.minsokwon.com

ⓒ 실학박물관, 2012

ISBN   978-89-285-0374-2   94900
       978-89-285-0194-6   (Set)

※ 책 값은 뒤표지에 있습니다.
※ 잘못된 책은 바꾸어 드립니다.
※ 저자와의 협의하에 인지는 생략합니다.

湛軒
洪大容

지구자전설과
우주무한론을 주장한

홍대용

박성래

민속원

실학인물총서를 내면서

어느 시대건 제도와 가치가 현실과 가까우면 행복한 시대요, 멀면 불행한 시대가 된다. 조선왕조 후기에는 불행하게도 낡은 제도와 가치가 현실(민의 생활과 소망)과 너무도 먼 불우의 시대였다. 현실과 제도의 간극, 그리고 제도의 사적私利的 운용과 무력화, 그 사이에 도리道理는 무용화되고 온갖 모순이 커지고 탐관오리와 부정부패가 창궐하여 인민이 고통의 늪에 깊이 빠지게 되었다. 이러한 문제를 극복하고자 한 조선후기의 과학적 실용사상이 실학이다. 백성의 생활현실을 위해 낡고 굳은 제도를 개혁하고 생산을 낫게 할 수 있는 방안을 연구 실현하고자 자각한 지식인들이 바로 실학자이다.

17~19세기 실학 지식인들의 자각은 내외적 요구와 자극에 바탕을 두었다. 조선 내부의 개혁과 변화의 요구는 낮은 수준이나마 상당한 상품화폐경제를 이루어가고 있었으며, 특히 청나라를 통해 수용한 서양의 과학과 문물은 사물인식과 세계관의 변화와 함께 자아自我를 되돌아보게 하였다. 실학은 바야흐로 현실의 자각과 세계의 자아화를 통해 장차 자아의 세계화를 내다보게 되었던 것

이다. 실사구시實事求是를 모토로 실용·실천을 도덕으로 하는 실학의 가치는 자아의 발견에 토대한 세계문명에로의 개방과 소통에 있다고 하겠다.

그러면 실학적 사유와 논리는 어디에서 왔는가. 그것은 르네상스의 기초가 그러하듯이 현실을 매개로 한 고전의 재해석에 있었다. 현실적 문제의식을 가진 유교 경전의 재해석, 이를 통한 사유와 논리의 전개가 그 방법이었다. 따라서 실학은 경학經學과 경세학經世學이 그 주를 이루고, 궁극적으로는 실용의 과학을 지향하는 학문이었다. 또한 실학은 현실·경험의 지식을 추구하다 보니 지식의 생활화·대중화의 길로 발전하여 학문의 백과사전적 종합과 분화가 동시에 추구되었다. 이런 점에서 우리 학술사상 근대의 분기점적인 성격을 지니기도 한다. 그 학적 관심은 시기와 유파에 따라 또한 개인의 처지와 입장에 따라 다를 수 있으나, 중농적·제도개혁적 경세치용파經世致用派와 중상적·도시상공업적 이용후생파利用厚生派, 학문 태도와 방법으로서의 실사구시파로 나뉜다.

실학의 비조鼻祖로 변법적 개혁론을 전개한 반계 유형원柳馨遠, 실학의 종갸
宗匠이자 경세치용파의 학맥을 연 성호 이익李瀷, 성호를 계승하여 우리 역사학
을 정초定礎한 순암 안정복安鼎福, 이용후생의 측면에서 상업과 유통, 과학기술
의 혁신, 북학北學의 수용 등을 주장했던 연암 박지원朴趾源과 초정 박제가朴齊家,
전통적인 직방職方의 세계에서 탈피하여 땅이 원형의 세계임을 인식하고 지구
설과 자전설自轉說을 주장했던 대곡 김석문金錫文과 담헌 홍대용洪大容, 경세치용
과 이용후생을 아울러 실학을 회합한 다산 정약용丁若鏞, 학문에서의 실증을 중
요하게 여긴 추사 김정희金正喜, 천문학·지리학은 물론 의학에 이르기까지 서
양 과학을 폭넓게 수용한 혜강 최한기崔漢綺, 새로운 지도 제작법을 수용하여
우리나라 지도를 정밀하게 완성한 농포 정상기鄭尙驥와 고산자 김정호金正浩, 개
국통상과 주체적 외교를 주창하여 최한기와 함께 실학과 근대개화사상에 가교
를 놓은 환재 박규수朴珪壽 등은 그중에서도 대표적인 실학자들이다.

실학박물관에서는 2009년부터 대표적인 실학자들의 생애와 학문, 사상고

인간 형상 등을 널리 알리기 위해 학계의 저명한 연구자들과 함께 실학인물총서의 간행을 기획해왔다. 이 총서는 매년 2~3명의 실학자를 대상으로 진행할 계정으로, 일반인을 위한 교양 독서물이면서도 연구의 성과를 충실히 수용하여 각 실학자들이 자각적 사명을 가지고 평생 연구를 진행했던 창조의 정신과 개혁 정책을 세심하게 살피는데 주안점을 두었다.

이를 통해 민생을 위해 조선후기 사회변혁의 주체로 나아가려고 했던 실학자들의 고뇌에 찬 역정을 깊이 읽고, 새로운 문명을 추구해나가야 하는 우리의 역사적 동력과 경험을 느낄 수 있게 된다면 큰 보람이라 하겠다.

2012년 12월

경기문화재단 실학박물관장 김 시 업

차례

屋亦字義屋讀屬之　重亦性喜廟集九

夫邸子之樂未嘗言也　先生之意不可

忌也　重亦之旨是屋也豈待然歟哇

然　重亦既能一廛笑其有進也何待余

言謹用　先生韻賦詩寄之

碧澗鳴石邑小屋隱叢篠幽人初罷眠

淡蕩春山眠宿雲無定色濃陰點空香

花鳥娛心意此樂何時了商頌奮逸響

不惜知音少莊生亦知道泰山眼中小

悠然成獨笑雲山自幽儵

甲午中火司華爭希慧拜共大容拜

寄題雲山書屋詩并小序

同門友 韓子重文少踔弛豪格其鄉洰

시대적
배경

　　홍대용이 살던 시기는 18세기 – 우리나라는 아직 굳게 닫힌 폐
쇄된 세상에서 열린 사회로 나아가지 못하고 있었다. 하지만 해외
의 영향을 간접적으로 받으며 조금씩 새로운 세상을 꿈꾸는 지식인
들이 나타나기 시작했다. 오랜 동안 유학儒學, 그 가운데에도 특히
주자학朱子學으로 대표되는 신유학적新儒學的 전통이 뿌리 깊게 자리
잡고 있었지만, 그 틀에서 벗어나려는 조짐이 생겨가고 있었던 셈
이다.

　　세계는 1500년 쯤을 경계로 하여 통합과정에 들어갔다. 서양
의 기술 발달은 그들에게 세계에서 처음으로 압도적 수준의 대포와
군함을 가질 수 있게 해 주었고, 그것을 이용하여 서양 사람들은 지
구상의 탐험을 본격적으로 시작했기 때문이다. 당시 특히 이 항해
활동에 앞선 사람들은 대서양에 면해 있던 포르투갈과 스페인 사람
들이었다. 그리고 그들의 영향은 16세기 초에 이미 동아시아에 미
치기 시작했다. 그리고 16세기 중반에는 이미 중국의 남부 지역과

1장
시대적
배경

일본에는 포르투갈 사람들의 문화적 영향이 커지고 있었다. 특히 1494년 로마 교황이 주재해 체결된 또르데시야 조약(Treaty of Tordesillas, 1494)에 따라서 포르투갈은 동쪽으로, 스페인은 서쪽으로 탐험에 나섰기 때문이다. 그 결과 희망봉을 넘어 해안을 따라 전진해 온 포르투갈이 먼저 동아시아 해안에 도착했지만, 아메리카를 지나 서쪽을 향한 스페인은 태평양을 건너 필리핀, 인도네시아 등 해양국들을 석권하게 되었다. 그와 함께 서양의 앞선 기술은 물론 그 배경을 이루는 과학지식도 확실하게 동아시아에 영향을 주기 시작했다. 바야흐로 과학기술의 시대가 열리기 시작한 셈이었다.

하지만 포르투갈과 스페인의 해상활동은 중국이나 일본에 비해 조금 북쪽으로 치우쳐 있던 조선朝鮮에는 전혀 미치는 일이 없었다. 그런 가운데 중국에서는 광동廣東 지역 등의 남쪽에서 시작된 기독교 선교사들의 활동이 조금씩 활동 지역을 북北으로 넓혀가고 있었고, 일본에서도 서쪽 끝에서 시작한 선교사들의 활동은 경도京

都(교토와 오사카)까지 퍼져나갔다. 그리고 1601년에는 당시의 대표적으로 유명한 선교사 마테오 리치Matteo Ricci(중국어 : 이마두利瑪竇, 1552~1610)가 북경北京에 자리 잡고 활약하기 시작했다. 그리고 이 쯤부터 중국에서는 선교사들이 배운 중국어 실력으로 많은 책을 쓰거나 번역해 중국어로 내놓기 시작한다. 또 일본에서도 비슷한 서양 문물의 소개가 본격화하고, 심지어는 일본 청소년들에게 기독교 교육이 시작되고, 포르투갈식 병원이 문을 열기도 한다. 중국에서 서양 선교사들은 그들이 익힌 중국어로 서양 과학기술과 기독교를 중국어로 소개하기 시작했을 때, 일본에서는 일본 청년들이 서양인들의 언어를 배우기 시작하고 있었다. 포르투갈 선교사가 밀려나가고 그 대신 들어온 네델란드 상인들이 일본 청년들의 배움의 대상이 되기 시작하면서 일본에는 일본인이 번역해 들여오는 서양 과학기술이 화란학문, 즉 난학蘭學으로 자리하기 시작한 것이다.

그 사이 일본과 중국에서 기독교에 대한 저항은 심각한 긴장 상태로 들어가기도 하지만, 일본에서 많은 기독교도를 처형하기까지 갔던 것에 비하면, 중국에서는 그런 극심한 탄압은 거의 없었다. 여하튼 이런 과정을 통해 일본과 중국에서는 서양 문화의 수입이 일찍 시작되어 착착 진행된 것이다. 이런 갈등 과정을 통해 가톨릭을 중심으로 한 초기의 서양 세력, 즉 포르투갈이 배척당한 동아시아에 신교도를 자칭한 화란이나 영국 세력이 비집고 들어오게도 되어 갔다. 하지만 조선에서는 그런 서양 문화의 유입이 극히 제한적일 수 밖에 없었다. 서양 선교사는 물론 서양 상인 조차 조선에 들어와 자리잡고 활동한 일이 없었던 까닭이다. 중국과 일본에는 1500년대 초에 이미 서양 선교사들과 상인들이 들어와 활동하고 있었지만, 조선에는 그보다 300년이 지난 1835년 쯤까지 그런 서양인들의 출입이 전혀 없었다.

당연히 홍대용洪大容(1731~1783)이 살던 18세기 동안 이웃 나라 일본과 중국에는 벌써부터 서양 문물이 적지 않게 밀려들고 있었건만, 이 땅에는 그 가운데 아주 조금만이 가끔 간접적으로 들어올 수 있었을 뿐이었다. 홍대용 시대의 조선 지식층은 한 해에 적어도 한 번은 파견되었던 연행사燕行使를 통해 중국에서 서양 문물을 접할 수 있었을 뿐이었다. 같은 시기 일본에도 조선통신사朝鮮通信使란 이름 아래 사절이 파견되기는 했으나, 몇 10년에 한번 정도에 지나지 않아 그 영향은 중국에 갔던 연행사에 비할 수는 없을 정도였다. 홍대용 자신이 1765~1766년 연행사를 따라가 북경을 구경하고, 거기서 서양 선교사=천문학자들을 만나 필담筆談한 것은 유명한 사실이다.

앞으로 우리가 주목해 연구해야 할 부분은 이미 연구된 홍대용에 관한 과학사적 연구를 어떻게 보다 넓은 역사 속에 편입시키느냐 하는 문제가 될 것으로 보인다. 홍대용의 과학사상의 평가를 보다 입체적으로 시도하는 문제라고도 할 수 있다. 그것은 홍대용 전후의 조선 학자들 사이에 어떤 사상적 경향이 나타나 어떻게 발전하고 있었던가를 밝히는 작업을 우선 요구한다. 그 다음으로는 홍대용의 과학사적 위치를 다시 한 번 평가해 본다. 그리고 이어서 동아시아에서 같은 시기에 어떤 학자들이 어떤 생각을 하고 있었던가도 되돌아 볼 필요가 있다.

그러면 홍대용을 필두로 하는 그 시대의 실학자들은 어떤 이상사회를 꿈꾸었던가? 우리는 오늘날 홍대용을 같은 시기의 많은 실학자들 가운데 대표적 인물 하나로 꼽는다. 물론 홍대용 이외에도 수많은 지식층 인물들이 그 시대를 수놓고 있었다. 그들을 대표하는 소위 실학자들 가운데에는 그들의 이상을 어디에 두느냐에 따라 몇 갈래로 나눠 말할 수도 있다.

실학은 18세기에 들어와 그 폭이 더욱 넓어졌으니, 그 중심에는 두 갈래의 실학자들이 있었다. 농업을 중시하고 토지 제도를 개혁해야 한다고 주장하는 사람들과 상공업 활동을 활발히 하고 기술을 개발해야 한다고 주장하는 사람들이 서로 대조적 입장을 강조하는 특성을 보이며 등장한 것이다. 농업 문제의 해결을 중시하는 실학자들을 오늘 우리는 흔히 중농학파重農學派라고 부르는데 여기에는 유형원, 이익, 정약용 등을 꼽을 수 있다. 그들은 농촌 문제에 더 큰 관심을 가졌으며, 농민을 중심으로 그 해결 방안을 모색하려 하고, 토지 제도의 개혁안을 제시하였다.

유형원柳馨遠(1622~1673)은 농민들에게 일정한 면적의 농지를 나누어 주자고 주장하였다. 나라를 부강하게 하고 농민들의 생활을 안정시키기 위하여 토지제도를 개혁하여야 하며, 그렇게 함으로써 농민들에게는 최소한의 경작지를 분배할 수 있다는 것이다. 즉 자영농민自營農民을 육성하여 민생의 안정과 국가경제를 바로잡자는 것이었다. 토지는 국가가 공유하고 농민들에게 일정량의 경지만을 나누어주는 균전제를 실시하자는 것이다. 즉 그는 경자유전耕者有田의 원칙과 균전제 사상을 지니고 있었다. 그밖에도 그는 병농일치의 군사제도, 즉 부병제府兵制의 실시를 강조하였다.

이익李瀷(1681~1763)은 당시 중국을 통하여 전래된 서학西學에 학문적인 관심을 기울여 천문天文·역산曆算·지리학과 천주교서 등 한역서학서漢譯西學書를 널리 읽고 세계지도와 망원경, 그리고 서양화西洋畵 등의 서양문물에도 견문을 넓혀갔고, 그에 따라 그의 세계관이나 역사의식을 확대시킬 수 있었다. 그것은 그로 하여금 종래 중국 중심의 세계관을 벗어나 보다 합리적인 시야를 지닐 수 있게 해주었다.

정약용丁若鏞(1762~1836)도 농지의 공동소유와 공동 경작 및 수확물의 공동 분배를 주장하였다. 이와 같이 이들의 토지 제도 개혁안은 구체적으로는 차이가 있으나, 농지를 경작하는 농민 중심으로 농촌 사회의 모순을 해결하려는 데에는 공통점이 있었다.

또 다른 실학자들은 상공업을 중시해야 한다고 주장했고, 이들을 역사에서는 중상학파重商學派라 부른다. 이들은 농촌 중심의 중농학파와는 달리 그들의 성장 과정이 한양의 도시적 분위기와 관련된 사람들이기도 하다. 이들은 또한 조선 후기 상공업의 발달과도 관련된 세력이라 할 만 하다. 중상학파는 상공업의 발달을 통해 사회의 번영을 이룩할 것을 주장하였다. 이것은 실학의 새로운 발전이었고 이들을 이용후생학파利用厚生學派라 부르기도 한다.

중상학파는 대개 상공업 진흥론과 함께 청의 발달한 문물을 받아들일 것을 주장하였으므로 북학파北學派라는 이름으로 더 잘 알려져 있기도 하다. 유수원, 홍대용, 박지원, 박제가 등을 특히 이들의 대표로 꼽을 수 있다. 북학파는 그들 스스로 보고 들은 청 문화의 우수성을 인식하고, 조선왕조를 개혁하기 위해서는 청의 문화, 내지 서양문화를 먼저 배워야 한다고 주장하였다. 이들의 주장에서 주목을 끄는 것은 현실의 개혁에 대한 강한 의욕이었다. 그러므로 그들의 저서에는 당시의 양반사회에 대한 통렬한 비판도 담겨 있었다.

특히 이들 가운데 청 나라에 드나들며 견문을 넓힌 북학파 학자들은 상공업의 발전을 중시하여 기술 개발로 생산력을 높이는 한편, 수레나 배와 같은 교통 수단을 발전시켜 상품의 유통을 원활하게 함으로써 국가를 부강하게 할 수 있다고 하였다. 또 해외 무역까지도 그 중요성을 강조하기도 했다.

상공업 중심 개혁론의 선구자로는 18세기 전반의 유수원柳壽垣 (1694~1755)을 꼽을 수 있다. 그는 『우서迂書』를 저술하여 상공업의 진흥과 기술의 혁신을 강조하고, 사농공상의 직업 평등과 전문화를 주장하였다. 유수원의 농업론은 농업에서는 토지 제도의 개혁보다 농업의 상업적 경영과 기술 혁신을 통해 생산성을 높이자는 주장이었다.

북학파의 실학사상은 홍대용의 친구였던 박지원朴趾源(1737~ 1805), 그리고 박제가朴齊家(1750~1805) 등에 의하여 크게 발전하였다. 홍대용은 청에 왕래하면서 얻은 경험을 토대로 기술의 혁신과 문벌 제도의 철폐, 그리고 성리학의 극복이 부국강병의 근본이라고 강조하였으며, 중국이 세계의 중심이라는 생각을 비판하였다. 이들의 후배라 할 수 있는 정약용은 앞에서 중농학파라 꼽았지만, 이용감利用監이란 관청을 두어 서양 기술을 배워오자고 주장하는 북학파이기도 했다.

박지원은 청에 다녀와 『열하일기』를 저술하고 상공업의 진흥을 강조하면서 수레와 선박의 이용, 화폐 유통의 필요성 등을 주장하고, 양반 문벌 제도의 비생산성을 비판하였다. 농업에서도 영농 방법의 혁신, 상업적 농업의 장려, 수리 시설의 확충 등을 통하여 농업 생산력을 높이는 데 관심을 기울였다.

박지원의 실학 사상은 그의 제자 박제가에 의하여 더욱 확충
되었다. 박제가는 청에 다녀온 후 『북학의』를 저술하여 청의 문물
을 적극적으로 수용할 것을 제창하였다. 그는 상공업의 발달, 청과
의 통상 강화, 수레와 선박의 이용 등을 역설하였다. 또, 생산과 소
비와의 관계를 우물물에 비유하면서 생산을 자극하기 위해서는 절
약보다 소비를 권장해야 한다고 주장하였다. 그의 말을 빌리면 "재
물은 대체로 샘과 같다. 퍼내면 차고, 버려 두면 말라 버린다. 그러
므로 비단옷을 입지 않아서 나라에 비단 짜는 사람이 없게 된다."
따라서 필요하면 외국 기술자, 심지어 서양 선교사라도 받아들여
그들의 앞선 과학기술을 배워야 한다고 주장한 일이 있다.

18세기를 전후하여 융성하였던 실학은 근대 지향적 특성을 19
세기 후반의 개화 사상으로 이어나갔다고 할만하다. 홍대용은 바로
이 실학 시기의 대표적 인물이었다. 그 역시 다른 실학자들이나 마
찬가지로 사회 개혁에 관한 나름대로의 사상을 가지고 있었으나,
그의 대표적 모습은 역시 과학사상에 있다. 그의 특징인 과학 사상
을 중심으로 그의 일생과 사상을 살펴보기로 하는 까닭이 여기에
있다.

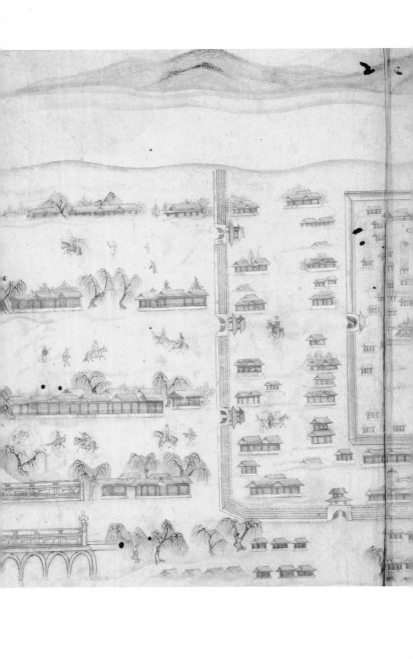

2장

홍대용의
생애

1. 홍대용은 누구인가?

　　홍대용은 동양 사람 가운데에서는 '가장 처음으로 분명하게' 지구의 자전自轉을 주장한 우리나라의 실학파 학자이다. 그의 지구 자전설自轉說은 지구가 하루 한번 자전해서 낮과 밤이 생긴다고 주장한 것이다. 하지만 그는 지구의 공전과 그것이 한 해의 계절을 만든다는 것은 말하지 않았다. 공전에 대한 생각은 없이 지구 자전만을 옳게 말한 셈이라 하겠다. 지구가 한 해 한 번씩 태양 둘레를 돌아서 계절이 바뀐다는 사실을 지금 우리들은 당연한 일로 받아들이고 있다. 우리에게는 조금도 신기할 것이 없는 이 당연한 상식(즉 지구의 자전과 공전)이 2백여년 전의 우리 선조들에게는 전혀 새로운 생각이었다. 하지만 홍대용의 지전설은 지구의 자전이 하루를 만들고 있다는 사실은 주장했으나, 아직 지구의 공전은 생각하고 있지 않았다. 말하자면 그의 지동설地動說은 지구 자전만을 말한 부분적인

2장
홍대용의
생애

지동설이었다고 할만하다.

그가 지전설地轉說을 주장한 1760년 쯤에는 지구가 움직인다는 그런 생각은 우리나라에서만 새로운 것이 아니라 중국이나 일본에서도 분명하게 내세운 사람이 아직 없을 때였다. 홍대용은 동양에서는 처음으로 땅이 움직인다는 지동설을 주장하고 나섰던 과학 사상가였던 것이다. 게다가 그는 단지 지구가 하루 한 번씩 자전해서 낮과 밤이 생긴다는 이치를 처음 터득했던 것만이 아니라, 우주는 무한하고 지구 밖의 세계에는 우주인 같은 지적知的 존재가 있을 것이라 생각했다. 당연히 둥근 지구상에서는 어느 한 나라가 중심일 수도 없었다. 많은 사람들은 중국을 이 세상의 한가운데에 있는 나라로 여겼고, 그래서 '가운데 나라'라는 뜻에서 '중국中國'이라 불렀다. 하지만 둥근 지구가 하루 한 번씩 돌고 있으니 어느 한 곳이 중심일 수도 없었다. 그래서 홍대용은 만약 공자가 이 땅에서 태어났다면 역사를 우리나라 중심으로 설명했을 것이라고도 말했다. 어느 한 나라나 어느 한 민족이 세상의 중심이 아니라, 이 세상은 상대적相對的 구성을 가지고 있음을 간파하고 있었던 것이다. 당연히 그는 인간이 다른 생물 보다 절대 우수하다는 생각도 부인한다. 양반과 상놈을 차별하는 당시의 사회에 대해 비판한 것은 물론이다.

홍대용은 당시 조금씩 알려지기 시작한 서양 과학에 큰 관심을 갖고 이를 배우기에 힘썼고, 새로운 학문을 외면하는 고루한 학풍에 대해 날카로운 비판을 던졌다. 그는 서양 과학이 실험 관측의 기구와 수학 때문에 발달한 것을 올바르게 파악하고 스스로 그 방면에 힘쓰기도 했다. 그는 아직 아무도 그런 생각을 하지 못하던 18세기 중반에 이미 서양의 앞선 과학기술을 배우려고 나섰던 선각자였다.

2세기 반 전에 이미 홍대용은 국제화를 예상하고 있었다고 할 수 있다. 18세기 우리나라의 가장 뛰어난 과학사상가였던 홍대용은 이제 정말로 세계가 한 마을로 변해가는 지금 국제화 시대에 우리가 거울삼아야 할 민족의 스승이라고도 할 수 있다. 그러면서도 그는 우리의 민족 문화에 대한 깊은 이해와 사랑을 가지고 있었음도 지적해 두고 싶다. 그는 16살에 배우기 시작한 거문고를 평생 손에서 놓지 않았는데, 중국을 여행할 때도 가지고 갈 정도였다니 말이다.

2. 홍대용의 출생과 교육

홍대용洪大容(1731~1783)은 지금부터 281년 전 이 세상에 태어나 52년을 살고 1783년에 세상을 떠났다. 1731년(영조 7) 3월 초하루에 지금으로 치면 충남 천원군 수신면 장산리 장명 부락에서 태어나 1783년(정조 7) 10월 22일 작고한 것이다. 아버지는 홍역洪櫟 (1708~1767)이고 어머니는 청풍김씨淸風金氏로 아버지는 서산瑞山 군수 정도의 벼슬을 했을 뿐이지만, 할아버지 홍용조洪龍祚(1686~1741)는 대사간과 충청감사를 지냈다. 또 그의 숙부 홍억洪檍(1722~1809)은 1753년에 문과에 장원급제한 뒤 정언, 교리 등의 벼슬을 지냈는데, 특히 1765년에는 연행사燕行使의 서장관書狀官으로 중국을 방문했다. 이 때 홍대용은 자제군관子弟軍官이란 이름의 수행원 자격으로 숙부를 따라 중국에 갈 수 있게 되었고, 이것이 그의 일생에 아주 중요한 기회가 되었다(이 대목은 아주 중요하기 때문에 다음 장에서 상세하게 다루기로 한다).

어린 시절 항상 잔 병이 많은 허약한 체질이었다는 홍대용은 12살 때인 1742년 김원행金元行(1702~1772)의 석실서원石室書院에서 학문의 길로 들어갔다. 김원행의 당호를 미호渼湖라 한 것은 서원 앞을 흐르는 한강 상류의 이름을 그대로 딴 것으로 지금은 서원은 흔적없이 사라졌지만, 경기도 남양주군 수석리의 서원 마을이 바로 그곳이다. 또 서원 이름이 된 석실이란 이 지방의 원래 이름이기도 했지만 병자호란 때 척화파의 한사람이었던 김상헌金尙憲(1570~1652)의 호이기도 하다. 김원행은 당대의 이름난 학자로 평생 관직에 나가지 않고 교육에 전념했고, 그 밑에서 수많은 학자들, 특히 실학자들이 나온 것으로 밝혀져 있다.

석실서원도, 정선鄭敾(1676~1759)이 서울 주변을 그린 대표적인 진경산수화첩이다.

3. 홍대용의 관직 생활

그런 영향이 홍대용에게도 미친 것인지, 그 또한 평생 관직에
는 관심을 보이지 않은 채 실질적인 학문의 연마에만 힘을 썼다. 특
히 그가 힘써 공부한 분야는 천문학·수학·역산학·음악·병법
등이었는데, 이 분야는 모두 당시의 과거 시험과는 상관없는 학문
분야였다고 할 수 있다. 그렇다고 그가 당대의 지배적인 학문 경향
을 완전히 무시했던 것은 아니어서 그의 글 가운데에는 경서經書에
대한 해설도 있다. 또 그 역시 젊은 날 한 때는 과거에 몇 차례 응
시한 적도 있으며, 40대에 들어서는 처음으로 과거 급제의 경력은
없지만 음직蔭職을 얻어 관직에 나선 일도 있다. 특히 그가 45세 때

얻은 세손익위사世孫翊衛司의 시직侍直이란 벼슬은, 얼마 동안이었지만, 앞으로 정조正祖가 될 사람, 즉 세손世孫에게 왕이 될 준비를 위한 교육을 담당하는 중요한 자리였다. 그 때 세손, 즉 뒷날의 정조에게 강의하고 토론한 내용이 지금 그의 문집에 남아 있다.

그는 모두 8년 동안 관직에 있었다. 45세에 처음 조상 덕으로 얻은 벼슬이 종9품의 낮은 자리였던 선공감繕工監 감역이었고, 그에 이어 말하자면 왕세손의 가정 교사 노릇을 한 셈이었다. 1777년 그는 사헌부司憲府 감찰이 되었다가, 이어 태인泰仁 현감과 영천榮川 군수를 지냈다.

어머니의 병을 구실로 고향에 돌아와 있던 홍대용은 1783년 10월 23일 저녁 6시[酉時]쯤 갑자기 풍으로 세상을 하직했다. 꼭 52년하고도 7개월 남짓의 길지 않은 일생이었다. 그의 본관은 남양南陽, 호는 홍지弘之라 했고, 자는 덕보德保, 당호로는 담헌湛軒을 썼기 때문에 오늘날 그의 문집은 『담헌서湛軒書』란 이름으로 남아 있다.

3장

홍대용
중국에 가다

1. 해외여행의 험난한 길

1765년 11월 2일 홍대용은 중국을 향해 서울을 떠났다. 1731 년에 태어난 그는 이 때 만 34살이었다. 지금이야 중국에 가려면 비행기를 타면 두 시간 정도로 충분하고, 인천에서 '페리'라는 바다 나룻배를 타면 하루면 그만이지만, 홍대용이 살던 시절에는 중국 여행이란 여간 어려운 일이 아니었다. 기차도 비행기도 자동차도 없던 시절 – 걷거나 말을 타고 서울에서 평양과 의주를 거쳐 만주로 들어 가고, 다시 만주 벌판을 지나 중국의 서울 북경까지 가는 멀고 도 험한 길이었다. 그해 12월 27일에야 북경에 도착했으니까 거의 두 달이 다 걸려서야 중국에 간 셈이다. 지금은 2시간이면 갈 길을 홍대용은 2달 걸려 갈 수 있었던 것이다.

중국에 가는 일이 지금은 무척 쉬워졌다. 더구나 1992년에는 중국과 외교 관계를 제대로 맺게 되었기 때문에 중국에 가는 일은 점점 더 쉬워지고 있다. 어디 중국 뿐일까! 지구 반대 편에 있는 미국이나 남아메리카 나라들도 쉽게 오갈 수 있는 것이 오늘의 형편이다. 하지만 200년도 더 전의 홍대용이 살던 시절에는 형편이 지금과는 딴 판이었다. 미국이나 프랑스, 영국, 독일 같은 나라들이 있는 줄 아는 사람도 거의 없었고, 다녀 온 사람이야 물론 아무도 없었다. 기껏 당시 한국 사람으로 다녀 온 나라라면 일본과 중국이 전부였다. 물론 어쩌다가 서양 뱃사람이 배가 부숴져 우리나라 해안에 표류해 들어 오는 수도 있었지만, 그런 정도가 전부였다.

　　일본과 중국에 가는 한국인―아니 그 때는 조선 시대니까 조선인―은 모두 나라에서 사신과 그 수행원으로 뽑혀서 간 사람들 뿐이었다. 일본 사람들은 아예 나라 문을 꽉 닫아 놓고 살면서 조선인들에게만 가끔 자기 나라를 찾아 와 달라고 간청했다. 갑갑했기 때문이다. 중국에서도 사신도 안 오고, 외국에서 아무 것도 학문이나 높은 문화가 들어 올 수 없게 되니까 너무나 답답했던 것이다.

조선에서는 1607년부터 1811년 사이에 일본에 12번 사신을 보내 주었다. 한 번에 대개 400명 이상의 아주 큰 일행이 일본에 갔다 돌아 왔는데, 이들 가운데 선비들이나 화가, 음악가, 그리고 말타기 재주꾼 등은 일본에서 인기가 최고였다. 글 잘하는 선비들은 매일 가는 곳마다 일본 선비들이 찾아 와 글을 써 달라거나 자기 글을 보고 고쳐달라는 바람에 잠이 부족할 지경이었다. 이를 역사는 조선통신사朝鮮通信使라 부르고 적지 않은 자료가 한일 양국에 남아 있다.

일본 사람들이 조선 시대에 우리나라 사람들에게 배울 것이 많았던 것과 비슷하게, 그 때에는 우리나라 사람들이 중국에서 보고 배울 것이 많았던 시절이었다. 그래서 중국에 사신을 보내는 일은 우리 역사에서는 언제나 아주 흔한 일이었다. 중국에 파견된 사신은 역사상 명나라 때에는 조천사朝天使, 청 시기에는 연행사燕行使라 불렀다. 원 뜻으로 치자면 조천사朝天使란 천자의 나라, 즉 중국에 조공朝貢하러 가는 사신이란 의미가 들어 있고, 연행사燕行使란 단순히 중국의 서울 북경에 가는 사신이란 뜻이다. 명明 나라는 한족이 지배하던 나라로 조선시대 존중되었지만, 그 뒤를 이은 청淸나라는 만주족 지배의 나라로 조선 사람들의 높임을 받지 못했기 때문에, 그런 정서가 이런 명칭의 차이로 나타났던 셈이다.

청 나라가 중국 땅의 주인이 되어 있을 동안에만 해도, 그러니까 1644년부터 1911년까지 사이에, 우리나라에서 중국에 보낸 사신은 700번이나 된다고 한다. 그 가운데에는 아주 작은 사신을 보낸 일도 있었지만 웬만큼 큰 사신을 보낸 경우만도 5백번 쯤은 된다. 이 5백번 넘는 중국 사절단은 많은 경우 500명 정도로 구성되어 있었다.

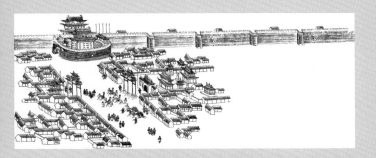

조양문과 조선사신단을 그린 그림, 지금은 사라지고 없는 연경 내성의 동문인 조양문朝陽門과 이를 통과하는 조선 사신단의 모습이다(숭실대 박물관 소장).

홍대용이 중국에 갈 때는 일행이 모두 몇이었을까? 아마 5백명 가까운 사람들이 갔던 것으로 보인다. 이 많은 사람 가운데에는 물론 글자라고는 '낫 놓고 기역자도 모르는' 사람이 많았다. 말을 끌고 가는 마부로부터 잔 심부름이나 해 주는 하인들도 많이 따라갈 수 밖에 없었기 때문이다. 아마 수십명 정도만이 글을 읽을 줄 아는 사람이었을 것이다. 그러니까 해마다 중국에 가는 사신들의 행렬에는 함께 끼어서 중국을 구경하려는 사람들이 얼마든지 많았다. 여간 줄이 잘 닿지 않아서는 중국 여행의 기회를 얻기는 어려운 것이 그 때였다.

다행스럽게 홍대용은 그의 숙부 홍억洪檍(1722~1809)이 그 해의 연행사였던 동지사冬至使 일행의 서장관書狀官이란 벼슬 자리를 얻어 중국에 가게 되자, 조카인 홍대용을 데리고 가 주었기에 그런 기회를 얻을 수 있게 된 것이었다. 동지사라는 것은 동지 때에 맞춰 중국에 해마다 보내는 사신을 일컫는 말인데, 그 가운데 서장관이란 사신 일행 가운데 세 번째로 높은 자리를 말한다.

사신 일행에는 홍대용처럼 친척이 높은 자리를 얻어 중국 가는 길에 따라가는 사람들이 여럿 있었다. 사신으로 뽑힌 사람이야 몇 명 뿐이지만, 그들은 반 년이나 되는 오랜 여행에서 고생하는 대신 친척 가운데 유능한 젊은이를 데려 갈 수 있는 특권을 주었다. 홍대용은 숙부를 따라 북경 구경에 나설 수가 있었다. 이렇게 따라 가는 사람들은 대개 젊고 학문에 관심이 큰 사람들로 구성되기 마련이었다. 그렇지 않아도 평생 이런 관심과 저런 호기심으로 가득 차 있던 청년 홍대용에게 중국 여행이란 그의 탐구심을 한껏 발휘해 볼 수 있는 기회가 아닐 수 없었다.

2. 북경에서 있었던 일

진시황의 만리장성을 보지 못하고는, 사나이의 높은 뜻은 뻗지 못하네

홍대용이 중국을 여행하게 되었다는 말을 듣고 그의 스승 김원행(1702~1772)이 그에게 준 말이다. 3년 전 환갑을 지낸 그의 스승이 한 번도 간 적이 없는 중국을 홍대용은 찾아 갈 수 있었던 셈이니, 그의 기쁨이 어떠했을까 짐작이 간다. 12월 27일 북경에 도착한 홍대용은 다음해 3월 1일 그곳을 떠나 귀국 길에 오를 때까지 한껏 그의 호기심을 발휘해서 북경의 길과 거리, 상점과 시설들을 찾아 다녔고, 많은 중국 학자들을 만나 담화했으며, 서양 선교사들과도 대화를 나누었다. 스승이 보지 못한 것을 안타까워했던 만리장성도 구경했다.

유리창, 김홍도가 1789년 연행사에 동행하면서 본 유리창의 모습을 귀국후 그린 작품이다. 조선의 연행사는 번창한 연경의 서적 시장에 깊은 인상을 받았고 이곳에서 서적을 구입하였다(숭실대 한국기독교박물관 소장).

하지만 북경에 있는 동안 홍대용이 정말로 관심있게 구경한 것은 만리장성 따위는 아니었다. 진시황은 만세를 보전하겠다고 만리장성을 쌓았지만, 곧 나라가 망하고 자손은 끊어졌으니, 만리장성을 쌓느라고 수많은 사람들을 강제 노동에 동원한 일은 성을 쌓는 일이 아니라 쓸데 없이 원망만 쌓은 셈이라고 홍대용은 기록하고 있다. 그는 독재자 진시황을 매섭게 비판하고 있는 것이다.

그 대신 그는 북경에 있는 동안 열심히 중국의 관청을 구경하고, 유리창琉璃廠을 찾았다. 유리창이란 말 그대로는 유리로 만든 상점을 가리키는데, 그 때 북경에 있던 가장 화려한 상점 거리를 가리킨다. 이 거리는 지금도 북경의 중심지인 천안문 광장에서 조금 남쪽에 그대로 남아 있는데, 1990년 여름 내가 처음으로 북경에 갔을 때에도 그 거리에는 책방과 문방구점 그리고 골동품 상점들이 즐비하게 벌려져 있었다. 홍대용은 이 거리를 거닐며 거기서 만난 중국 선비들과 집으로 찾아 다니며 교제를 할 수 있었고, 책을 사고 망원경을 흥정하기도 했다. 나도 바로 2백 여년 전의 홍대용을 떠올리면서 그 거리에서 중국 책을 여러 권 사 온 일이 있다.

북경에 있는 동안 홍대용은 중국의 선비를 여럿 만나 학문을 토론하고, 역사를 이야기했다. 그 가운데도 귀국한 다음까지 편지를 나누며 사귄 중국 학자들 엄성嚴誠 · 반정균潘庭筠 · 육비陸飛, 세 중국 선비를 만나 사귀게 된 곳도 바로 유리창이었다. 당시 엄성은 35세, 반정균은 25세, 육비는 48세였다. 이들은 곧바로 의기투합하여 홍대용이 북경에 머무는 두 달 동안 수시로 편지와 필담을 주고 받으며 깊은 우정을 나누게 된다. 그러나 마침내 이들은 이승에서는 영영 만날 기약이 없는 작별을 하게 되었다. 그의 문집에는 이들과의 사귐에 대해 그들의 글이나 편지, 그리고 서로 나눈 이야기 등이 아주 많이 기록되어 남아 있기도 하다.

하지만 아마 홍대용이 가장 관심있게 구경한 곳은 흠천감欽天監과 천주당天主堂이었던 것이 분명하다. 흠천감이란 중국 청 나라의 중앙 천문대와 기상대를 가리키는 셈이다. 옛날부터 중국이나 우리 나라에서는 천문을 아주 중요하게 여겨 나라에서 기관을 세워 매일 천문을 관측하게 했다. 17세기 초부터 중국에는 서양 선교사들이 들어와 활동하면서 서양 과학과 기술도 아울러 소개하고 있었는데, 점점 서양 천문학이 더 정확하다는 사실을 알게 된 청 나라의 황실에서는 아예 서양 선교사들에게 흠천감의 우두머리 일을 맡겨 버릴 지경이었다. 홍대용이 북경에 있던 60일 가운데 4일을 소비하면서, 천주당을 찾아 간 것은 바로 이들 서양 선교사들을 만나려는 생각 때문이었다. 천주당에는 흠천감의 우두머리를 맡고 있던 서양 선교사들이 살고 있었기 때문이다.

거기 함께 살고 있던 서양 선교사들은 할러쉬타인Hallerstein과 고가이슬Gogeisl 두 사람이었는데, 중국 이름이 유송령劉松齡인 할러쉬타인은 흠천감의 대장이고, 포우관鮑友管이란 중국이름을 갖고 있던 고가이슬은 부대장이었다. 천문학과 서양 과학기술에 아주 관심이 많았던 홍대용은 이 사람들을 만나 기독교와 천문학 등등 여러 가지를 물어 보았다. 물론 그는 관상대와 천상대를 찾아 가 그곳에 마련되어 있던 천문 기구 등을 구경했는데, 마침 천상대를 지키는 사람은 왕씨라는 조선인이었다. 내가 1990년 북경에 갔을 때도 관상대를 찾아 갔는데, 마침 그곳에 새로 근무하러 온 청년은 스무 살 밖에 되지 않은 조선족이었다. 박세일이라는 이름의 이 청년은

〈옛 관상대〉, 오늘날의 북경 옛 관상대 전경이다.

1989년 만주의 심양에서 고교를 졸업하고 여기 처음 취직해 온 것이라고 했다. 북경에 지금도 남아 있는 관상대는 지금은 '옛 관상대[古觀象臺]'라고 부르는데 홍대용이 보았을 것 같은 그 기구들이 그대로 높은 대 위에 놓여 있었다. 한 가지 그 때와 다른 것이 있다면 지금은 입장권을 사면 아무나 들어 갈 수 있었지만, 홍대용이 그곳에 갔을 때는 지키는 사람이 목을 베는 시늉을 하면서 들여 보내지 않을 정도로 관상대는 함부로 들어가기 어려운 곳이었다. 홍대용은 귀국하는 날에서야 새벽에 아무도 없을 때 문지기가 잠깐 올라가 보고 내려와도 좋다는 허락을 해 줘서 구경했다고 적혀 있다.

특히 홍대용은 천상대에서는 벽에 그린 예수의 상을 보고 놀란 사실을 기록해 놓고 있다. 조금 떨어져서 보기에는 마치 집 안에 사람의 모습을 한 조각을 세워 놓은 것으로 알고 가까이 가서 손으로 만져 보았더니 그림이더라고 홍대용은 써 놓고 있다. 홍대용 뿐만 아니라 많은 조선의 선비들은 이 시대에 북경에 갔다가는 서양사람들의 그림이 얼마나 사실적인지 놀랐던 것으로 보인다. 그 후의 일이지만 다른 학자의 글에 보면 서양화를 구해다가 벽에 붙여 놓은 조선의 선비가 제법 있었던 것 같다. 그들에게는 서양인들이 그림에서 사용한 원근법遠近法이 대단히 놀라운 것이던 그런 시절이었다.

서양화를 보고 놀란 홍대용은 그 밖에도 여러 가지 서울이나 우리나라에는 없던 것들을 흥미있게 구경하고 다녔다. 화초포花草圃라는 곳은 그 때 북경에 있던 말하자면 온실이어서 위에는 유리창을 달아 햇빛이 들어오게 하고 아래에는 온돌을 놓아 그 안에서 온갖 화초와 초목을 길러 놓고 있다고 기록했다. 밖에는 마침 눈이 내리고 찬 바람이 부는데 그 안에는 모란·작약·수선·해당화 등이 피었고, 매화·월계·석류 나무 등 없는 것 없이 갖춰졌는데 부자 손님이 그치지 않는 걸 보니 돈 벌이도 좋겠더라는 것이다. 그는 또 호랑이 우리를 구경가기도 했다. 말하자면 동물원의 호랑이 집 같은 곳을 만들어 사람들에게 구경시키는 것인데 구경하다가 손님 한 사람이 막대기로 호랑이를 놀라게 자극해 크게 울부짖는 바람에 모두 놀라서 달아나듯 나왔다는 이야기다.

3. 신부님, 왜 장가를 가지 않으시나요?

북경에 있는 60일 동안 홍대용이 가장 열심이었던 일은 중국 학자들과 사귀는 일, 그리고 서양 선교사들을 만나고 또 서양의 천문 기구와 그 밖의 서양 문명을 알아 보는 일 등이었다. 홍대용은 할러쉬타인과 고가이슬 두 서양 선교사를 네 번이나 찾아갔고, 그 가운데 한 번은 만나지 못했지만 세 번이나 그들을 만나 이야기를 나눌 수 있었다. 그리고 그들과의 대화 내용은 그의 여행 기록 속에 자세히 적혀 있다.

홍대용은 이들 두 사람을 만나는데 무척 공을 들여야만 되었다. 서양 선교사들이 우리나라 방문객을 환영하지 않았기 때문이다. 홍대용의 말처럼 우리나라에서 중국에 사신으로 갔던 사람들 가운데는 천주당으로 서양 선교사들을 만나러 가는 일이 많았다. 처음에는 선교사들은 조선에서 찾아 온 손님을 반갑게 맞고, 좋은 선물을 주기도 했다고 한다. 그런데 건방진 조선 사람들도 있어서 그들은 선물을 받고는 알맞는 답례를 하지 않는 수도 있었고, 심지어는 무식한 사람들도 있어서 천주당 안에서 침을 탁 탁 뱉거나, 이것 저것을 함부로 만져 더럽혀 놓는 일도 있었기 때문이다.

그래서 홍대용은 1월 7일과 8일에 걸쳐 먼저 말 몰이군인 세팔世八이란 사람을 시켜 천주당 문지기를 찾아가 사정을 알아보게 한 다음 아주 정중한 편지를 써서 방문을 허락해 달라고 부탁했다. 이 편지를 종이 2묶음, 부채 3자루, 먹 3개, 청심환 3알을 따로 넣은 선물과 함께 보냈던 것이다. 또 문지기에게도 청심환을 주어 환심을 사 두었다. 이 때 우리나라의 청심환은 중국 사람들에게는 대단

남천주당, 1605년 마테오 리치가 세운 중국의 첫 번째 성당으로 소현세자와 아담 샬이 만났던 곳이기도 하다.

한 인기였다. 이렇게 정성을 다해서 홍대용은 그때 62세의 할러쉬타인과 64세의 고가이슬을 만나 보게 되었다. 서양에서 온 가톨릭 선교사와 우리나라의 학자가 어떻게 서로 말을 통할 수 있었을까?

할러쉬타인과 고가이슬은 이미 20년이나 중국에 살고 있어서 중국말을 웬만큼 할 줄 알았다. 하지만 중국말은 홍대용이 할 줄 모르지 않는가 말이다. 홍대용은 첫날에는 역관 홍명복洪命福(1733~?)과 함께 찾아갔다. 그 시절에는 정부에 통역을 담당하는 공무원이 있었으니까. 홍명복이란 역관은 바로 중국말 전공의 통역관이었다. 하지만 다음 번에 갔을 때는 통역을 쓰지 않고 아예 종이에 서로 글을 써서 의사를 통하는 필담筆談 방법을 썼다.

1월 8일과 19일, 그리고 2월 2일 세 차례에 걸쳐 홍대용은 선교사들을 만나 여러 가지 이야기를 나누고, 이런 것 저런 것들을 구경할 수 있었다. 아마 그는 우리 역사상 처음으로 풍금을 쳐 본 사람일지도 모른다. 홍대용은 원래 음악을 좋아하는 학자여서 늘 거문고를 지니고 다니며 때때로 연주했다. 풍금을 보자 그는 겁 없이 달려들어 그것을 잘 살펴보고, 그 원리가 거문고와 비슷하다는 사실을 확인하고, 그 나름대로 거문고로 쳐야 할 곡을 연주해 보았다. 선교사들은 연주를 잘 했다고 칭찬했다고 기록에는 남아 있을 지경이다. 물론 그 말이 그저 인사로 한 말이었던지, 아니면 그가 우리나라의 곡을 서양 풍금으로 금방 칠 수 있었던지는 지금 확실하게 확인할 길은 없다.

그는 또 자명종自鳴鐘과 뇨종鬧鐘, 그리고 일표日表와 나경羅鏡 등을 구경했다. 나경이란 나침반을 가리키는데, 이것은 우리나라에도 많았던 것이다. 일표는 해시계란 뜻인데 이 역시 우리나라에도 그 때에는 적지 않았던 것이다. 뇨종과 자명종은 무엇이었을까? 자명종 이라면 자신 있게 안다고 생각하는 독자가 있을지 모른다. 하지만 이 당시의 자명종이란 지금 우리가 알고 있는 자명종을 가리키지 않는다. 홍대용이 여기서 볼 수 있었던 자명종도 우리가 생각하는 자명종이 아니라 커다란 건물 안에 장치된 대형 벽시계였다. 추가 크게 달려 있고, 종도 큰 놈이 있어서 그 종이 시간이 되어 저절로 울리면 온 집안이 진동하더라고 홍대용은 적어 놓고 있다. 여기 자명종이란 '종이 저절로 울리는 시계'를 가리킨 것이다. 그러나 홍대용이 서양 선교사들에게 얻어 본 뇨종鬧鐘은 진짜 우리가 말하는 자명종 그것이다. 일정한 시간이 되면 종이 울려 잠을 깨워주는 시계를 뇨종이라고 홍대용은 설명하고 있기 때문이다.

선교사들은 또 망원경을 태양을 향해 설치해 홍대용에게 관측할 수 있게 해 주었다. 망원경으로 해를 바라 본 홍대용은 깜짝 놀랬다. 태양의 한 가운데 검은 줄이 그어져 있었기 때문이다. 해 한 가운데에 가로줄이 있는데 그것이 무엇이냐고 묻자, 선교사들은 대답했다. 그것은 해 가운데 그어진 줄이 아니라 망원경의 수평을 잡기 위해 망원경 안에 그려 놓은 줄이라는 것이었다. 홍대용은 전에 들으니 태양에는 흑점이 셋 있다는데 어째서 지금은 하나도 보이지 않느냐고 선교사들에게 물었다. 선교사들은 흑점은 꼭 셋이 아니라 어떤 때는 8개도 되고 또 어떤 경우에는 아주 없기도 하다면서, 또 태양은 빙글빙글 자전하고 있어서 흑점이 나타나고 없어진다고도 했다.

그 밖에도 여러 가지를 구경한 홍대용은 신부들에게 아들은 없어요? 라고도 질문했다. 그러자 선교사들은 결혼을 하지 않았으니 어떻게 아들이 있으리요? 라면서 자기 고향으로부터 너무 멀리 떨어져 있어서 한 번도 돌아가지 못했고, 결혼도 하지 못했다고 대답했다. 사실은 신부들은 결혼을 하지 못하게 되어 있었겠지만, 이런 정도로 설명하고 넘어 갔던 것 같다.

4. 글로만 통할 수 있는 친구들

펜팔 이란 말이 있다. 영어로 글로 통하는 친구를 말한다. 때로는 전혀 한 번도 만난 일이 없지만 친구로 사귀어 서로 편지를 주고 받아 가며 우정을 닦아 가는 사이가 펜 팔 이라 할 것이다. 펜으로 사귀는 친구[pal]란 말이다. 홍대용에게도 펜팔이 있었다. 중국에서 사귄 친구들을 잊지 못해서 홍대용은 귀국한 다음 까지 그들과 편지로 서로 소식을 전했고, 이 나라와 나라 사이의 국제적 우정은 홍대용이 살아 있을 때만 계속된 것이 아니라 그 자손들 까지도 이어졌다.

아마 세상 어디에도 찾아 보기 어려운 두터운 우정이 아닐까? 이들은 서로 다시 만난다 해도 말로는 통화할 수 없는 사이였다. 중국말과 조선말이 서로 달랐기 때문이다. 그렇지만 똑같이 한자로 의사를 표현할 수 있었기 때문에 그들은 얼마든지 대화를 나눌 수 있었고, 또 멀리 수 천리 떨어진 다음에도 편지로 펜팔 관계를 지켜 갈 수 있었던 셈이다. 어찌 보면 말로 함부로 이야기하다가 실수하기 보다는 글로 쓰는 동안 더 깊은 느낌을 나타낼 수 있어서 좋았는지도 모른다는 생각도 든다.

홍대용은 중국에 있는 동안 여러 중국 학자들을 만나 여러 가지 대화를 나눴지만, 그 가운데 가장 오랜 동안 깊이 사귀었던 친구는 단연 엄성·반정균·육비 세 사람이었다. 그들과 만나게 된 것은 사신 가운데 제일 윗 사람을 따라 온 이기성이 유리창에 돋보기를 사러 가겠다는 길에 동행했던 길에서였다. 마침 마땅한 것이 없어 돌아다니던 그들은 중국인 두 사람이 안경을 쓰고 있는 것을 보고 그것을 자기에게 팔라고 조르게 되었다. 뜻밖에도 그 한 사람이 자기 안경을 벗어주고 돈은 받지 않겠다고 사양했다. 이 고맙고도 미안한 일이 벌어지자, 홍대용은 이기성에게 그들을 만나고 싶다는 뜻을 전하게 했고, 이런 연고로 그들의 사귐이 시작되었던 것이다.

엄성은 그 때 35세로 홍대용과 같은 나이였다. 아주 아는 것도 많고 생각도 깊은 사람이었을 뿐만 아니라 시를 잘 지어서 홍대용과 함께 시를 지어 즐기는 수도 많았다. 반정균은 25살이었으니 그 가운데 가장 젊은이였지만 글 재주는 역시 비상한 인물로 그려져 있다. 제일 나이가 위인 육비는 48세로 유머가 많고 예술 감각도 뛰어난 사람이었다. 그들은 두 세 명씩 또는 넷이 모두 모여서 끝없는 대화를 나누곤 했다. 중국에서 가장 경치가 좋다고 유명한 항주가 고향인 이들 선비들은 과거 공부를 할 겸 중국의 서울인 북경에 와서 말하자면 유학하고 있는 선비들이었다. 그러나 그 때는 중국은 중국 사람들이 지배하는 것이 아니라 만주족이 들어와 지배하던 때여서 더구나 이들은 공무원이 될 생각이 별로 많지도 않았던 모양이다. 그들은 말로는 서로 통하지 않지만, 한문을 써서 못할 표현이 하나도 없는 사람들이었다. 음식을 나누며 차를 마시며 그들의 훈훈한 대화는 날이 가도 그칠 줄 몰랐다.

특히 그들에게 홍대용은 여러 가지 글도 부탁했는데 그 대부분은 그의 여행기 『담헌연기』에 남아 지금까지 전한다. 예를 들면 엄성에게는 홍대용이 자기 집 안 마당에 세운 천문관측소를 중심으로 자기 집에 대한 시를 8편 써 받았고, 그 천문관측소 농수각籠水閣에 대해서는 육비의 글을 얻어 남기고 있다. 옛 선비들은 자기 집에 중요한 건물이나 정자 같은 것을 지으면 가까운 글 잘하는 사람에게 글을 받아 써 넣는 수가 많았다. 홍대용은 일부러 여간해 만날 수 없는 중국 친구들의 글을 받아 자기 집에 써 놓으려 한 것이었다.

이들 이외에도 홍대용이 중국에서 사귄 친구는 훨씬 더 많았

엄성의 『철교전집』. 홍대용이 교유했던 중국학자 엄성嚴誠의 유고집이다. 엄성의 아들 엄앙嚴昂은 부친의 문집을 조선으로 보냈는데 홍대용은 이 책을 9년만에 받았다고 한다(국사편찬위원회 소장).

다. 이들과는 귀국 후에까지도 편지를 보내 사귐을 계속하였는데, 이들 셋과 소식이 끊어진 다음에도 손용주孫容洲라는 선비와 편지 교환을 계속하였다. 손용주에게 보낸 홍대용의 편지는 지금 6통이 전해질 정도다. 지금은 중국에 편지를 보내면 한 주일에 넉넉히 배달될 것이 분명하다. 하지만 아직 우편이 없던 그 시절에는 중국에 사신으로 가게 된 일행 가운데 아는 사람을 만나야 부탁을 할 수 있고, 그렇게 부탁한 편지가 두 달 만에 북경에 도착한다 해도 다시 그곳의 중국 사람에게 부탁해서 항주 같은 먼 곳에 다시 편지를 보내야 한다. 빠르면 2년에 한 번 서로 편지를 교환할 수도 있지만, 대개는 몇 년 걸려야 편지가 한 번씩 가고 올 수 있는 것이다.

그런 시절에는 우리가 지금 편지에 쓰듯이 요즘 날씨가 쌀쌀해졌다거나, 여름이 되어 날씨가 무더우니 건강에 조심하라는 따위 인사말은 아무 의미도 없게 된다. 서울에서 가을에 보낸 편지는 북경 같으면 이듬해 봄 까지는 도착했지만, 그 선비들이 항주로 돌아간 다음에는 빨라도 1년 이상 어떤 때는 10년도 걸려서야 항주에 도착했을 정도였다. 그런데 이 가운데 의형제를 맺었던 같은 나이의 엄성은 2년 뒤에 말라리아에 걸려 목숨을 잃고 말았는데, 그는 죽을 때 홍대용이 선물로 준 조선 먹[墨]을 가슴에 놓고 그 향기를 맡아가며 숨을 거두었다고 한다. 그의 죽음을 전해들은 홍대용이 얼마나 슬퍼했던지는 이루 말할 수가 없다. 그는 향香 같은 소박한 예물을 갖춰서 항주에까지 보내 죽은 친구의 영혼을 위로하려 했고, 그와 함께 12살 먹은 엄성의 아들 엄앙에게 글 읽는 방법을 꼼꼼하게 적어 보내어 공부를 도우려 했다. 또 엄성의 아버지와 동생에게도 위로의 글을 보냈다.

엄성의 아들은 죽은 그의 아버지의 글을 모아 홍대용에게 보냈는데, 그것은 보낸지 9년 만에야 홍대용의 손에 전해졌다. 그 글 가운데에는 역시 홍대용과 사귀던 애틋한 느낌을 담은 글이 있었고, 또 그가 스케치한 홍대용의 모습도 들어 있었다. 엄성이 쓴 글은 지금 전해지지 않지만, 그가 그린 홍대용의 간단한 초상은 지금까지 남아 있어 홍대용을 연구한 책에, 그리고 그를 기념하는 천안 삼거리 공원의 비석에 그대로 새겨져 있다.

반정균이 보낸 편지에서 "우정이 깊고 이별이 괴로운 것이 기대가 간절하고 촉망이 지극함만 못하다." 했다는 것은 우정이 깊어서 이별이 괴롭지만 장래에 성취를 기대하는 마음이 더 간절하기 때문에 참을 수 있다는 뜻이다. 이별을 앞두고 쓴 반정균의 그 편지는 절절한 우정으로 읽는 이의 심금을 울린다. 다음은 그런 편지의 한 토막이다.

> 마침내 영영 이별입니까! 마침내 다시는 만날 수 없단 말입니까! 저 푸른 하늘은 어찌 이토록 잔인하단 말입니까! 이생에도 이제 그만인데 내생에야 말할 게 있겠습니까! 간장은 어이하여 끊어질 듯 끊어지지 않는단 말입니까! 어쩌면 우리들의 우정이 아직 깊지 못하여 영구한 이별의 괴로움이 아직도 참담하지 못한 것입니까!

홍대용은 북경에서 돌아오자 곧바로 이 세 선비들과 주고받은 필담, 서찰 등을 모아서 장정해 책을 만들었다. 그리고 매미소리를 들으며 이 책들을 뒤적이며 그리운 마음을 달랬다. 홍대용과 이 중국 선비들과의 깊은 우정은 연암燕巖 박지원朴趾源이 「회우록서會友錄序」·「홍덕보묘지명洪德輔墓誌銘」과 같은 명문으로 유감없이 표현해 놓았다. 그리고 홍대용이 세상을 떠난 지 60년 뒤 그의 손자 홍양후洪良厚는 북경에 갔을 때 반정균의 손자 반공수潘恭壽에게 편지를 보내 세의世誼를 이었으니, 이들의 우정은 실로 시공을 초월했다 해도 좋을 것이다. 홍양후는 박지원의 손자 박규수와도 깊이 사귀었음이 밝혀져 있기도 하다.

5. 두 달 만의 귀국

　　1766년 3월 1일 북경을 떠난 홍대용 일행은 거의 두 달 뒤인 4월 27일 서울에 돌아 왔다. 북경까지 가는데 두 달, 북경에서 머문 것도 두 달, 그리고 서울 까지 돌아 오는데 다시 두 달 - 모두 6개월, 즉 반 년 만에 동지사 일행은 고향으로 돌아 온 것이다. 서울에서 북경까지는 걸어서 6천리가 넘는다. 서울에서 의주까지가 1천리가 조금 넘고, 압록강을 건너 중국 땅을 다시 2천리를 더 가야하는 거리이다. 사신 일행이 의주에 도착할 때면 미리 조선의 관리들이 앞에 나와 있다가 사신들을 반갑게 맞아 주었다. 반년이나 고향을 떠났다가 돌아 오는 사신 일행에게는 의주에 보낸 가족들의 편지가 궁금하기 짝이 없다. 집안 식구들이 모두 안녕하다는 편지를 받은 사람들은 모두 그렇게 기뻐할 수가 없다. 의주는 돌아오는 사신 일행에게는 고향을 미리 맛보게 해 주는 내 나라였다.

　　드디어 4월 27일 서울로 돌아 온 홍대용은 며칠 동안 이리 저리 귀국의 인사를 다니고, 5월 2일에서야 고향 집으로 돌아 왔다. 집에 돌아 온 홍대용은 아마 마당에 있는 그의 천문대 농수각을 돌아보고 모든 천문 기구와 시계 등이 잘 있는지부터 검사해 보았을지 모른다. 그리고는 곧 그는 중국에서 만난 선비들과의 이야기와 편지 등을 정리하기 시작했다. 그런 기록이나 생각은 빨리 정리해 놓지 않으면 아주 잃어 버리기가 쉽기 때문이다.

　　「건정동회우록乾淨衕會友錄」이라는 그의 글은 건정동에서 만났던 친구들과의 추억을 적었다는 의미인데, 바로 중국의 선비들을 만나 나눈 대화를 정리한 책이다. 고향으로 돌아 온지 한 달 반 만에 홍대용은 이 기록을 정리할 수 있었다. 하지만 반 년 동안의 여행에서 지쳐 돌아 온 그는 한 동안 심하게 몸살을 앓기도 했다. 그리고 곧 이어 그는 중국의 친구들에게 편지를 쓰기 시작했다. 여섯 달이 걸릴지 아니면 여섯 해가 걸릴지 모르는 오랜 시간이 걸리는 그런 편지였다.

해가 바뀌어 1767년 홍대용은 『해동시선海東詩選』이라는 책을 꾸며서 그것을 중국의 친구 반정균에게도 보냈다. 지금 그 책은 사라져, 그 내용이 무엇이었던지 확실하게 알 길은 없지만, 중국 선비들에게 우리나라의 대표적인 시를 골라 소개하려던 것이 분명하다. 그리고 이 해 봄에 홍대용 일가족은 지금 천안 근처의 수촌에서 서울로 이사했다. 11월 12일 아버지가 돌아가자, 홍대용은 다시 고향으로 내려가 아버지 산소 곁을 지키기 시작했다. 옛 조상들은 부모가 돌아가면 묘소 근처에서 3년을 지키는 것을 도리로 생각했다. 홍대용이 묘소를 지키고 있던 1768년에 중국의 옛 친구 엄성의 죽음 소식이 전해졌다. 중국의 세 선비 가운데에도 홍대용과 같은 나이로 가장 친하게 지내며 의형제를 삼았던 엄성이 갑자기 죽었다는 소식에 그는 아버지의 죽음 못지 않은 슬픔을 느꼈다.

3년 상을 아버지 묘소 곁에서 지내고 서울로 돌아 온 홍대용은 건강이 많이 나빠져 있었다. 1770년 가을 그가 몇몇 친구들과 금강산 구경에 나서게 된 것은 나빠진 몸을 추스르기 위한 것이기도 했다. 이렇게 건강을 회복한 다음에서야 홍대용은 제대로 글을 쓰고 중국 여행 기록을 정리하기 시작했다. 홍대용의 글 가운데 지금 남아 있는 것 가운데 가장 대표적인 것은 역시 중국 여행기록 두 가지와 『의산문답』·『주해수용』 등을 들 수 있다. 이들 책이 모두 1771년 이후에 정리되어 몇 년 안으로 완성되었던 것으로 보인다. 1774년에는 동해안으로 양양에 있는 낙산사를 관광하기도 했다.

바로 이해 12월에 홍대용은 익위사翊衛司 시직侍直이라는 직책을 얻어 나라 일을 맡아 보기도 했다. 이 자리는 바로 그 때 다음 왕으로 뽑혀 있던 영조英祖 임금의 손자를 가르치는 선생님 노릇을 하는 것이었다. 1776년에 영조가 죽고 그 손자가 임금이 되어 우리들에게 정조正祖라는 이름으로 알려지게 된다. 영조의 아들이고 정조의 아버지가 되는 사람은 바로 뒤주 안에 갇혀서 죽음을 당하고만 것으로 널리 알려진 사도세자思悼世子 그 사람이다. 정조 임금이 왕위에 오르기 전 17개월 동안 홍대용은 그 선생님 노릇을 했고, 그 경험을 뒷날 『계방일기』라는 글로 남기고 있다. 그는 이 자리에 있는 동안 정조에게 중국 이야기를 들려주기도 했다.

제자가 임금이 된 다음 홍대용에게는 몇 차례 지방의 수령 자리가 벼슬로 주어졌다. 1783년 까지 홍대용은 태인 현감, 그리고 영천 군수를 잠깐씩 지냈지만, 그의 마음 속에서는 언제나 벼슬은 그만 두고 고향에서 글 읽고 책을 쓰는 것을 희망하고 있었다. 1783년에 그는 드디어 어머니의 병환을 핑계로 관직을 물러나 고향으로 아주 돌아 왔다. 이상하게도 그는 고향으로 돌아온 지 얼마 안 되어 그만 중풍에 걸려 목숨을 잃고 말았다. 1783년 10월 22일이었다.

평생에 그가 남긴 글 가운데 주목할 만한 것으로는 앞에 말한 것처럼, 『주해수용』·『의산문답』·『계방일기』그리고 두 가지 중국 여행기록이 있다. 『주해수용』은 수학 책으로 홍대용이 그 때 얼마나 수학이 중요하다고 느끼고 있었던지를 보여 준다. 『의산문답』이란 책은 아마 홍대용이 지은 책 가운데 어느 것 보다도 훌륭한 내용으로 되어 있다고 생각된다. 특히 우주와 지구 그리고 기상 현상과 생물에 대한 이야기까지 아주 신기한 생각이 담뿍 담겨져 있다. 뒤에 이 책에 대해서는 다시 생각할 기회가 있을 것이다. 그리고 『계방일기』는 정조 임금이 아직 왕이 되기 직전에 그의 선생님이었던 홍대용이 그 때를 회상해서 쓴 기록이다.

그런데 그의 중국 여행기가 둘이란 말은 무슨 뜻인가? 그 까닭은 하나가 한문으로 쓴 『담헌연기湛軒燕記』라는 제목으로 되어 있고, 다른 하나가 순한글로 『을병연행록』이란 글로 남아 있기 때문이다. 신기한 일은 이들 두 가지 기록이 전혀 다른 꼴을 하고 있기 때문에 홍대용의 중국 여행기록은 하나가 아니라 둘이라고 할만한 것이다.

6. 여행기 『담헌연기』 그리고 어머니에게 바친 한글 『을병연행록』

한문으로 쓴 여행 기록은 책 이름이 『담헌연기湛軒燕記』인데, 담헌은 홍대용의 호를 말하고, '연기'란 말은 연에 갔다가 온 기록이라는 말이다. 연이란 연경燕京을 줄인 말로 청 나라가 중국을 지배하던 시대에는 우리 선조들은 중국의 서울 북경을 연경이라 부르는 수가 많았다. 그러니까 『담헌연기』란 '담헌'이라는 호를 가진 홍대용이 중국의 서울 연경에 다녀온 기록이라는 뜻이 되는 것을 알 수 있다. 그의 문집 『담헌서』의 상당 부분을 차지하고 있다. 그러면 한글로 쓴 『을병연행록』은 또 어떤 뜻이 되는 걸까? 먼저 연행록이란 말은 연경에 갔다 온 기록이라는 말이니까 금방 알 수 있다. 그런데 그 앞에 붙여 놓은 '을병'이란 무엇일까? 이 말은 홍대용이 중국에 다녀 왔던 해가 을유乙酉년에서 병술丙戌년까지에 걸쳐 있었기 때문에 '을유'와 '병술'년 이란 말을 '을병乙丙'이라 줄여 놓은 것이다.

이것 말고도 우리 역사에는 가끔 한문책과 한글 책이 따로 남아 있는 경우가 있다. 하지만 홍대용의 연행 기록처럼 한문 책과 한글 책이 이렇게 많이 다른 경우는 드물다고 한다. 특히 한글로 쓴 『을병연행록』은 아주 멋진 궁체宮體 라는 모양으로 붓으로 쓴 것인데, 전체 길이가 자그만치 2,592쪽이나 된다. 한 쪽 마다 꼭 10줄씩 한글 글씨로 내려 써 있는데, 게다가 지금까지 알려진 『을병연행록』은 한 가지가 아니라 두 가지이다. 이 한글 책은 모두 20권으로 나눠져 있는데, 매일 매일 일기로 쓴 것이어서 첫 날은 1765년 11월 2일 서울을 떠나는 이야기로 시작한다. 1권에서 4권까지가 서울을 떠나 북경에 도착한 날까지의 일기이고, 5권부터 17권까지는 북경에서 구경하고 사람들과 만나 이야기한 것들을 적어 놓았다. 그리고 나머지 3권이 돌아 올 때의 기록으로 되어 있다.

이렇게 날짜 가는대로 차례로 자기가 경험한 일들을 적어 놓은 『을병연행록』과는 아주 달리 한문으로 되어 있는 『담헌연기』는 날짜와는 상관 없이 여러 가지 제목을 달아서 그 제목을 중심으로 여러 날에 걸쳐 있었던 일들이 한꺼번에 정리되어 있다. 예를 들면 홍대용이 북경에서 가장 관심을 가지고 있었던 서양 선교사를 찾아가 만나 이야기를 듣고 이런 것 저런 것들을 구경한 이야기는 「유포문답劉鮑問答」이란 제목으로 묶어서 한문 책에는 나와 있지만, 한글 책에는 이 한 가지 사건이 1월 7일과 9일, 13일, 19일 그리고 2월 2일에 걸쳐 여러 번 조금씩 나눠져 실려 있는 것이다.

그러니까 그냥 남의 중국 여행 기록을 재미로 읽어 보려는 사람에게는 한글로 쓴 『을병연행록』이 더 좋았을 터이지만, 중국에 대해 무엇을 알아 보고 자기도 중국 갈 때 참고하기 위해 무슨 일을 찾아 보려는 사람에게는 한문으로 쓴 『담헌연기』가 더 좋았을 것이 분명하다. 이렇게 서로 다르게 쓰여진 이 두 가지 책은 내용도 조금 달라서 한 쪽에 있는 것이 다른 쪽에는 아예 나오지 않는 수도 적지 않다고 한다. 이 둘을 견줘서 잘 살펴 본 동국대학교 김태준 교수는 한글 책은 문학적 여행기이고 한문 책은 학술적 여행기라고 설명하고 있다.

특히 효성이 지극했던 홍대용은 한글로 된 그의 중국 여행기를 어머니를 위해 썼을 것이라고도 말하고 있다. 아마 홍대용은 이 책을 어머니는 물론 다른 여자들을 위해서도 썼던 것이 아닐까 생각된다. 다 알려진 일이지만, 조선 시대에는 남자들은 사회의 중심으로 글도 하고 벼슬도 하고 했지만, 여자들은 집안 일이나 하면서 공부조차 제대로 시키지 않는 것이 풍습이었다. 여자들은 한문으로는 책조차 제대로 읽을 수가 없었던 때이다. 홍대용은 바로 이런 딱한 사정을 생각해서 여자들에게 읽을 수 있는 책으로 그의 『을병연행록』을 지은 것으로 보인다.

『을병연행록』은 1983년에 사진판으로 찍어 나온 일이 있지만, 글씨도 옛날의 궁체인데다가 그 쓰는 법이 지금과 많이 다르고 맞

춤법도 전혀 달라서 우리 현대 한국인들이 그대로 읽기는 아주 어렵다. 요즘은 우리가 읽을 수 있는 말로 고쳐져 책으로 나와 있어서 많은 사람들이 홍대용이 경험한 중국 여행을 2백여년 뒤인 지금 다시 즐길 수가 있기도 하다.

4장

홍대용의
과학사상

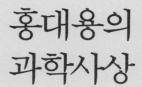

1. 홍대용의 자연관과 우주관

홍대용의 과학 사상의 핵심은 당시 밀려들고 있었던 서양의 근대 과학사상을 받아 들인데서 시작된다. 하지만 이런 서양의 새로운 과학 지식에 대한 조선 지식인들의 반응은 그에 앞서서 이미 여러 학자들에서 시작되고 있었다. 성리학적性理學的 자연관自然觀 내지 우주관宇宙觀이 조선 초기 이후 성장해 갔던 것을 그런 대표적 현상으로 들 수 있다.

서양 과학이 이 땅에 영향주기 이전에 이미 성리학적 자연관은 그 나름의 발전을 보여주고 있었다. 이 방면의 학문적 관심은 먼저 서경덕徐敬德(1489~1546)을 예로 들 수 있다. 그는 주기론主氣論에 기울여진 자연철학을 내세웠다고 생각할 수 있고, 우주관 등에 상당한 깊이 있는 관심을 가지고 있었음을 확인할 수 있다. 근래 주목받기 시작한 장현광張顯光(1554~1637)의 경우 바로 서경덕의 전통을

4장
홍대용의
과학사상

계승한 것으로 볼 수 있다. 그는 서양 과학의 영향이 전혀 없던 시절에 상수학적 우주관을 잘 보여주는 글을 남겼다. 나이가 같았던 개성 출신의 이경창李慶昌(1554~1627) 역시 비슷한 맥락에서 우주와 천문에 관심을 나타내고 있다. 이경창은 서경덕의 학문에 심취하여 일찍부터 서경덕의 글을 읽고, 『주역』을 연구하여 「주천도설周天圖說」·「원이기설原理氣說」 등을 남겼다.

　이들의 우주관을 보면 그들보다 한 세대 앞선 유명한 율곡栗谷 이이李珥(1536~1584)에 비해 훨씬 깊이 있게 우주를 이해하고 설명하려는 노력이 보인다. 이이가 성리학적 입장에서 하늘을 말하고 있는 것과는 달리 장현광이나 이경창은 자연현상으로서의 하늘을 설명하려는 노력을 깊이 있게 전개했음을 알 수 있기 때문이다. 그럼에도 불구하고 이들의 천문관 내지 우주관은 성리학적 체계를 크게 벗어나지는 않는다. 특히 조선 초의 천문학자 이순지李純之가 고체천固體天을 말하고 천체의 우행설右行說을 고집하고 있었던 것과 달리, 이들 유학자들은 하늘의 고체성을 부인하고 좌선설左旋說을 주장했다. 이런 경향은 물론 송대 이후 중국에서 시작된 경향이기는 하다. 실제 천문역산가와 유학자들은 서로 교류함이 없이 각각의 우주관을 고집했던 것이다.

이런 환경 속에 17세기에 중국으로부터 서양 천문학의 영향이 미치기 시작했다. 우선 그런 새로운 지식을 놓고 이들은 대체로 이미 중국에는 고대에 있었던 것이라는 설명에 기울어져 있었다. 서양과학의 중국원류설中國源流說을 견지하는 이런 반응은 이미 중국에서 시작된 것을 그대로 따른 것이 분명하다. 그러나 구체적으로 어떻게 중국에 옛날 그런 것들이 있었던지에 대해서는 중국의 주장만을 그대로 따르기 보다는 조선 학자들 나름의 연구를 바탕으로 그 논거를 확대해 갔던 것으로 보인다. 서명응徐命膺(1716~1787)의 천문학 사상이 그런 예로 여겨지기도 한다.

그러나 서명응에 앞서 김석문金錫文(1658~1735)은 이미 그의 사상체계 속에 서양천문학의 지동설을 수용하기 시작했던 것으로 보인다. 김석문의 지전설地轉說 수용은 이미 학계의 주목을 받아 일찍부터 논의된 바 있다. 연세대 민영규閔泳珪(1915~2005) 교수가 그 대표적 학자라 하겠다. 민교수는 김석문이 1697년에 쓴 『역학이십사도해易學二十四圖解』를 연구하여 그 책에서 김석문이 처음 지전설을 주장한 것이라 밝혔다. 이 책에서 김석문은 처음으로 지구가 하루 한번 자전하여 낮과 밤이 생기는 것을 설명했다. 그의 지전설은 서양 선교사 로G. Rho(羅雅谷)가 중국에서 써낸 서양 천문학서 『오위역지五緯曆志』를 보고 거기서 따왔다는 것이 밝혀져 있다. 하지만 김석문은 이것을 전통적인 상수학적 논리로 설명했다. 특히 그는 신유학의 시작을 알린 대표적 철학자 가운데 하나인 장재張載의 『정몽正蒙』을 그 논리적 뒷받침에 이용한 것으로 밝혀져 있다. 또 현재 밝혀진 바로는 그는 이와 같은 우주론 이외에는 별로 다른 과학 사상적 견해를 가지지는 않았던 것으로 보인다.

서명응徐命膺(1716~1787)의 우주론은 여기서 더 나아간 연속상의 논리였다. 그 역시 상수학적 서양 천문학 수용을 시도했던 것이다. 그는 『선천사연先天四演』과 『비례준榫禮準』·『선구제先句齊』 등의 저술을 통해 당시 중국을 통해 알려진 서양 천문학 지식을 받아들여 이를 전통적인 상수학의 틀 속에 소화하여 설명하고 있는 것이다. 『선천사연』이 역학의 설명을 다루고 있는 것과 달리 『비례준』에서 서명응은 별들과 행성, 그리고 해와 달의 운동을 설명하고 있다. 또 『선구제』는 역법을 소개하는 저술이다. 이런 작업을 통해 그는 결과적으로 방금 들어오기 시작한 서양 근대천문학 지식을 전통적 역학 이론으로 합리화함으로써 조선 지식층에게 이 새로운 체계를 보다 쉽게 그리고 거부감 없이 수용할 수 있게 해 주는 역할을 했다고 판단된다.

이처럼 서명응까지의 여러 조선 학자들은 서양 천문학 체제를 전통적인 상수론으로 이해하려고 노력했음을 알 수 있다. 그리고 서명응의 경우 그로부터 거의 한 발짝도 벗어나지 않았다고 평가된다. 하지만 그의 아들로 오랜 동안 역시 천문학자로 활약했던 서호수徐浩修(1738~1799)는 역易으로부터 역曆을 추구하는 것은 견강부회牽強附會에 지나지 않는다면서 천문학[曆]의 상수학[易]적 해석을 부정하는 태도를 보이기 시작한다. 그리고 이런 태도는 그와 같은 시대를 살고 간 홍대용에게서 뚜렷하게 드러난다.

홍대용은 원래 그의 지구 자전설 때문에 유명해졌다. 특히 그는 지구가 하루 한 번 자전하여 낮과 밤이 생기는 것이라고 분명하게 기술한 최초의 학자였다. 그 후 김석문이 홍대용보다 훨씬 앞서서 같은 주장을 한 것으로 밝혀지고는 있지만, 적어도 한 세대 전까지는 홍대용은 단연 이 주장에 관한 한 첫 과학사상가로 꼽히고 있었다. 그리고 이런 평가는 해방 전에 이미 시작되어 해방 직후에는 이미 남북의 학자들이 여기 주목했고, 그를 이어 일본과 중국 학자들까지 조금씩 가담함으로써 홍대용의 이름은 동아시아에서 지전설을 처음 주장한 학자로 널리 알려지게 된 것이었다.

그 후 좀 더 상세한 연구로 홍대용은 지전설만이 아니라 아주 폭넓게 근대 과학적 사상을 많이 글로 써 놓은 것이 밝혀지게 되었다. 그는 우주에 관하여는 둥근 지구가 하루 한 번 자전하여 낮과 밤이 생기는 것을 설명했을 뿐만 아니라, 그 우주는 무한하고 무한 우주 속에 지구는 극히 한 부분만 차지하고 있고, 지구와 비슷한 조건을 가진 천체는 더 많을 수 있다는 사상까지 천명하고 있다. 당연히 이 많은 지구와 비슷한 우주 저쪽의 천체에는 지구와 비슷한 지적 존재도 있을 수 있다고 까지 말한다. 17세기 이후 서양 사람들이 생각했던 우주무한설宇宙無限說과 다세계설多世界說, 그리고 우주인설宇宙人說을 함께 말한 셈이다.

땅이 둥글다는 생각은 옛날에 동양에서도 없지는 않았다고 할 수 있지만, 역시 서양에서 처음 들어와 자리잡은 것이었다. 그리고 지구설을 바탕으로 그후 지동설 가운데 지구가 하루 한 번씩 자전하여 낮과 밤이 생긴다는 지전설이 조선의 지식층에게 받아들여지기 시작했다. 물론 지구가 태양 둘레를 공전한다는 생각은 19세기에 들어 오기까지 받아들여지지 않았다. 지구의 자전 문제에 대해서는 이미 이익李瀷(1682~1764) 같은 학자도 그 가능성을 생각해 보았다. 하지만 그는 전통적인 움직일 수 없는 땅 덩어리라는 생각에서 결국 벗어날 수가 없었다. 그에 비해 김석문金錫文(1658~1735)은 거의 같은 시대 사람이지만, 상수학적 합리화를 시켜 지전설을 받아들이게 된 것으로 보인다. 그후 홍대용(1731~1783)은 김석문의 상수학적 방법에서 상수학을 집어던지고 서양 과학 그대로의 모습으로 지전설을 수용한 것이었다. 홍대용의 과학사상을 설명한 대표작 『의산문답醫山問答』에서 우리는 상수학적 논의를 전혀 찾아 볼 수도 없을 뿐 아니라, 그의 상수론의 전면적 부정은 그의 『계몽기의啓蒙記疑』에 뚜렷하다.

홍대용의 친구이며 당대의 대표적 학자였던 박지원朴趾源(1737~1805)은 중국 학자들과 만나 대화하는 가운데 그의 친구 홍대용이 지전설을 최초로 주장했다고 말한 바 있다. 그는 다른 대목에서 김석문의 삼대환공부설三大丸空浮說도 말하고 있는 것으로 보거나, 다른 당시 사정으로 보아, 김석문을 잘 알고 있었음이 분명하다. 그런데 왜 그는 "서양 사람들은 땅덩이가 둥근 줄은 알면서도 지전은 말하지 않았는데, 이는 그들이 둥근 것은 반드시 돌아야한다는 것을 몰랐기 때문"이라면서, 홍대용을 최초의 지전설 주창자라 치켜세웠던 것일까? 이 부분이 의문스러웠던 것이 사실이다. 홍대용이 상수학적 지전설을 거부한 부분에 박지원도 동조했기 때문이라고 생각된다. 박지원은 김석문의 상수학적 설명을 옳지 않다고 보았기 때문에, 김석문 대신 홍대용을 지전설의 첫 주창자로 판단했던 것이라고 생각되는 것이다.

물론 김석문이나 홍대용 모두 지전설의 근거는 중국에서 이미
나와 있었던『오위역지五緯曆指』등에 고대 그리스의 지전설이 설명
되어 있기 때문에 가능했던 것으로 보인다. 이미 고대 그리스의 헤
라클리데스Heraclides 같은 학자들은 지구가 하루 한번 자전하여 낮
과 밤을 만들고, 그 둘레에 태양이 다른 행성들을 거느리고 지구를
돈다고 주장한 일이 있다. 이런 지전설은 그 후 기독교 사회에서 사
라졌지만, 그런 사실은 중국에서 나온 책에 그대로 기록되어 있었
던 것이다. '잘못된 설명'이라는 선교사들의 해설과 함께 – 이 '잘못
된 설명'을 김석문과 홍대용 등 조선 학자들은 '올바른 설명'으로
고쳐 받아들인 것이었다. 이를 받아들이면서 김석문은 상수학적으
로 이를 합리화시켰고, 홍대용은 상수학적 합리화가 필요하지 않다
고 판단했던 것을 알 수 있다.

　　홍대용은 하루 한 번 씩 빠르게 도는 자전 때문에 지구 둘레
의 허기虛氣는 지구 중심을 향하는 세력, 즉 '상하지세上下之勢'를 만
들어 준다고 생각했다. 이것이 즉 만물을 지구로 끌어 내리는 힘으
로 작용한다는 것이다. 이미 지전을 주장하지 않은 이익도 지구 둘
레에는 지구로 끌어들이는 힘이 있음을 인정하고, 이를 지심론地心
論으로 설명한 바 있다. 이런 홍대용의 설명은 역시 당시 서양 우주
관이 들어와 소개된 것을 바탕으로 그 나름의 판단을 하여 내린 결
론이 아닌가 생각된다. 그것은 아리스토텔레스의 이론에다가 17세
기의 프랑스 자연철학자 데카르트Descartes의 소용돌이[vortex]사상이
엿보이기 때문이다. 그가 서양 사람들이 말하는 대기大氣 현상에 대
해 이를 청몽기淸蒙氣라고 설명하는 것도 이런 맥락에서 이해할 수
있다.

그는 지구상 모든 곳이 다 '올바른 세상'이라면서 이를 정계正界라 표현했다. 둥근 땅덩이 위에 중국과 서양은 말하자면 서로 반대되는 자리를 차지하고 있지만, 어느 곳이 바르고 다른 곳이 뒤집어진 세상이 아니라는 것이다. 지구상에서 서로 다른 장소가 그저 상대적인 차이만 있는 것과 마찬가지로, 우주에는 수많은 천체가 있고, 그런 천체들도 서로 상대적일 따름이다. 즉 어느 천체가 중심이고 다른 천체는 변두리 별에 지나지 않는 것이 아니라고 말한다.

홍대용에게 우주는 무한하다. 그리고 그런 무한한 세상에서 지구는 한 별에 지나지 않고, 지구 비슷한 조건을 가진 천체는 얼마든지 있을 수 있다. 당연히 지구상의 인간과 비슷한 지적 존재가 저 하늘 어딘가에 있을 것도 예상할 수 있는 일이다. 우주인의 존재를 그는 자신있게 예언하고 있다. 부르노G. Bruno(1543~1600) 이후 서양에서 계승되었던 무한우주설과 다세계설을 그에게서 발견하게 되는 것이다. 이 역시 당시 중국에 소개된 서양과학과의 연관성을 앞으로 밝혀 볼 가치가 있다.

2. 홍대용의 물질관

홍대용은 전통적 오행五行 사상을 부정했다. 그는 전통적으로 존재의 기본으로 여겨졌던 기氣에 대해서는 그 존재를 인정하고, 기가 모여 질質을 만들어 천체는 생긴다고 생각하였다. 여기까지는 전통적 사상의 연속으로 이해할 수도 있다. 하지만 그는 음양이란 햇빛의 강약 정도에 지나지 않는다면서 '음양陰陽의 기氣'가 따로 존재하고 중요하게 자연에 작용한다는 종래의 생각을 부정한다. 이렇게 음양 사상을 수정한 그는 오행의 경우는 아예 이를 부정적으로 본다.

우주의 근본 물질로는 예로부터 4, 5, 6, 8가지를 말하는 여러 가지 이론이 있었다. 이를 예로 들면서, 자연이 꼭 어느 것 5가지로만 되어 있으라는 법은 없다고 주장했다. 당시 전통적인 5행설 대신에 서양에서 들어온 4원소설이 일부에 받아들여지고 있었다. 그러나 홍대용에게는 5행이나 4원소나 모두 탐탁하지 않았던 것으로 보인다. 그는 하늘을 만드는 기氣를 위에 놓고, 그 아래 해의 원소로 불[火]을 꼽고, 그 다음 땅을 만들어주는 원소로 물[水]과 흙[土]을 들어 결과적으로는 서양식의 4원소설에 접근하는 듯한 생각을 말하기도 한다. 그래서 그는 물과 흙의 기[水土之氣]가 증발하여 지구 둘레를 싸고 있어서, 그것이 낮은 것을 높이 보이게 해주고, 작은 것을 크게도 보이게 해준다고 설명한다. 이를 서양 사람들은 청몽淸蒙이라 했다는 설명이 붙어 있다. 『의산문답』에서 실옹實翁의 입을 통해 나오는 이 말의 바로 앞에서 실옹은 또 대야에 동전을 한 개 놓아두고 보이지 않을 때 까지 뒤로 물러선 다음 거기 물을 부으면 보이지 않던 동전이 떠올라 보이게 된다는 설명이 나온다. 물과 대기의 굴절 현상을 서양 문헌에서 받아들여 소개하고 있음을 알 수 있다. 또 이런 기술로 보더라도 홍대용은 기를 보다 근본적 물질의 근원으로 파악하고 화火=수水=토土 세 가지 물질은 기가 만들어 주는 원소로 본 것이라고 판단된다. 그래서 그는 불은 태양이고, 물과 흙은 지구라고 말하고, 따라서 나무

[木]와 쇠[金]는 이 둘(태양과 지구)로 비롯된 것일 뿐이어서, 화=수=토의 셋과 마찬가지로 원소라고는 말할 수 없다고도 말한다. 오행 가운데 화=수=토 만을 3원소라 하고, 나머지 목=금을 빼버린 셈이다. 그리고 이들 3원소의 근원적인 물질요소를 기라고 본 것을 알 수 있다.

이런 전제 아래 그는 『의산문답』에서 수많은 자연 현상에 대해 그 나름대로의 설명을 이렇게 시도하고 있기도 하다. "땅은 우주의 활물活物이다[地者虛界之活物也]. 흙은 그 피부와 살이고, 물은 그 정혈精血이다. 비와 이슬은 그 눈물과 땀이며, 바람과 불은 그 혼백魂魄과 생기生氣이다. 이리하여 물과 흙으로 안에서 빚어내면, 태양 열이 밖에서 덥혀주고, 원기元氣가 모여들어 만물을 길러주게 된다. (따라서) 풀과 나무는 땅의 털과 머리카락이라 할 수 있고, 사람과 짐승은 땅의 벼룩이나 이와 같은 존재인 셈이다."

상당히 유물론적 태도를 보여준다고 할 수 있고, 아울러 기계론적 생명관이 엿보이기도 한다.

3. 지구地球와 지전地轉의 문제

홍대용은 동양 사람으로는 처음으로 분명하게 지구의 자전을 주장한 과학사상가였다. 그의 지전설地轉說은 그저 지나가는 말로 나온 생각이 아니라 지구와 우주의 구조에 대해 그 나름의 체계적 사고 과정을 통해 얻은 결론이었다. 과학자 또는 과학사상가로서의 홍대용을 이해하기 위해서는 우선 그의 지전설이 어떤 내용의 것이고, 그것이 그의 다른 생각과 어떻게 연결되었으며, 또 그의 지전설은 얼마나 독창적인 생각이었던가를 평가해 볼 필요가 있다. 물론 이와 함께 그의 다른 자연관 또는 과학적 사상과 어떻게 연결되어 있는지를 생각해 보아야 마땅할 것이다.

그의 지전설은 우선 땅이 둥글다는 생각과 연결된 것이다. 즉 땅은 더 이상 옛날처럼 '지地'란 한 글자로만 표시될 것이 아니라 '지구地球'라는 두 글자로 표현되기 시작한 것이다. 지구설은 우리나라에 물론 그보다 앞서 이미 확립되고 있었다. 흔히 김만중金萬重(1637~1692)이 지구설을 처음으로 수용했다고 알려져 있지만, 그보다 일찍 지구설은 받아 들여졌음이 분명하다. 그에 앞선 실학자 이익李瀷(1579~1624)은 이미 땅이 둥글다는 것에서 출발하여 그렇다면 지구상에서는 어느 한 나라만이 중앙에 있다고는 할 수 없다는 점에 착안하고 있다. 더 이상 실학자들에게는 중국이 세상의 중심은 아니었던 것이다. 물론 땅은 이미 그들에게는 '지구'였다.

홍대용이 지전설을 확실하게 주장한 최초의 동양인임에는 틀림이 없어 보인다. 그러나 그의 지전설은 어느 곳에도 확실하게 제목을 따로 달아 독립된 글을 써서 발표해 놓은 것은 아니다. 예를 들면 그의 대표적 과학 논문이라고도 할 수 있는 『의산문답醫山問答』에는 "땅덩이가 둥글고, 자전하여 그침이 없다其體正圓 旋轉不休"고 실옹實翁의 입을 빌어 밝히고 있다. 또 허자虛子가 서양 사람들이 그 정밀하고 상세한 지식을 가지고도 하늘이 움직이고 땅은 정지해 있다고 말하고, 공자도 하늘은 움직여 그침이 없다天行健고 말했는데, 그렇다면 서양 사람들이나 공자가 다 틀린 것이란 말이냐고 따져 물었다.

이에 대해 실옹은 좋은 질문이라면서, 백성은 따르게 할 수는 있지만, 그 뜻을 이해시킬 수는 없다[民可使由之 不可使知之]는 맹자孟子의 말을 인용하여 대답하고 있다. 땅이 움직이지 않는다고 하는 편이 사람들의 상식에 가깝고, 또 역법 계산에 지장도 없기 때문에 그렇게 할 뿐이라는 것이다. 그러나 홍대용은 송宋의 장재張載도 지전설을 조금 표시했고, 또 서양 사람들도 배가 움직이나? 연안이 움직이나[舟行岸行]? 하는 문제로 지전을 말하면서도 실제 천문 계산은 천동설天動說을 바탕삼아 한 것은 그 쪽이 편하기 때문이라고 밝혔다. 이어 하늘이 움직이나, 땅이 움직이나 천문 계산은 마찬가지라면서도, 그는 둘레가 9만리나 되는 지구가 한 바퀴 도는 것도 너무 빨라서 상상하기 어려운데, 하물며 우주가 무한하고 그 안에 무수히 많은 천체들이 있는데 그것들이 지구 둘레를 하루 한 번씩 돌게 하는 천문학적 설명을 상상할 수는 없지 않는가고 반문한다. 따라서 하늘이 하루 한 번씩 지구 둘레를 돈다는 것이 무리함은 더 길게 설명할 필요도 없다는 것이다.

요컨대 홍대용은 지전설이 이미 중국과 서양에 모두 나와 있었지만, 아무도 이를 고집하지 않은 것은 편의상의 문제였다는 것이다. 보통 사람들에게는 아무 중요성이 없는 문제였고, 실제 천문 계산은 어느 쪽이나 마찬가지이기 때문이라는 것이다. 여기서 주목할 만한 문제가 바로 홍대용 지전설의 독창성 문제이다. 홍대용이 살아 있을 당시인 1780년 중국을 방문했던 그의 친구 박지원은 중국 학자들에게 자랑스럽게 자신의 친구 홍대용이 지전설을 처음 주장했다고 자랑한 일이 있다. 그의 『열하일기熱河日記』에 의하면 서양 사람들이 지구설은 말하면서도 지전설은 말하지 않았다는 것이다. 그 후 홍대용 지전설의 독창성은 정인보鄭寅普(1893~1950), 홍이섭洪以燮(1914~1974), 천관우千寬宇(1925~1991)에 의해 지지되었고, 일본·북한·중국 학자들이 이를 소개하는 논문들을 발표했다.

그러나 1968년 일본의 대표적 중국과학사 학자 야부우치藪內淸(1906~2000)의 논문은 이를 전적으로 부정하는 입장을 보여주었다. 그의 주장으로는 1766년초 북경北京에서 서양 선교사를 만난 홍대용은 그들에게서 지전설을 얻어들었을 것이라는 생각이었다. 그러나 그럴 가능성은 극히 적다. 그의 문집에는 그가 선교사들과 나눈 대화가 「유포문답劉包問答」 등에 비교적 상세히 기록되어 남아 있지만, 그런 흔적은 전혀 없고, 또 그럴 만큼 깊이 있거나 우호적인 대화도 아니었음을 알 수 있다. 게다가 교황청의 사자들이었던 이들 서양 선교사가 초면의 조선 학자에게 그들의 종교 가톨릭에서 이단으로 단죄되어 있는 사상을 가르쳤을 까닭은 없다. 특히 야부우치 논문의 잘못은 그가 홍대용의 글을 전혀 읽지도 않고 이 논문을 썼다는 사실로도 명백하다. 당시 한국에는 이미 홍대용의 문집이 나와 있었는데도 말이다.

이미 홍대용 자신의 글에 서양 사람들이 지전설을 말하기는 했으나, 이를 지지하지는 않았다는 표현이 있다. 그의 이와 같은 표현은 바로 1638년에 북경에서 나온 서양 천문학서 『오위역지五緯曆志』를 가리킨다. 이 책에는 서양에서는 옛날에 이미 지구의 자전을 주장한 사람이 있었으나, 그런 주장은 일상 경험에 비춰 볼 때 옳지 않다고 판단하고 있다. 물론 그리스의 헤라클리데스가 이미 지전설을 주장했음을 가리킨 것이다. 그는 지전설을 처음부터 모두 혼자 생각해 낸 것이 아니라, 『오위역지』 등에 소개된 서양 고대의 '잘못된' 생각을 나름대로 옳다고 판단해 냈을 뿐인 것을 알 수 있다.

그가 이런 결심을 하게 된 것은 서양 사람들이 이미 보여주고 있던 모호한 태도에도 관계가 있을지 모른다. 즉 홍대용 자신이 인용하고 있는 것처럼, 서양 사람들은 천동설과 지전설을 비교하면서 그 어느 쪽이 반드시 옳다는 절대적 증거는 없다고 말하고 있었기 때문이다. 그러나 모든 상식으로 볼 때 지구가 움직일 수는 없다는 판단을 내세웠을 뿐이다. 홍대용은 바로 이 부분에서 앞에 소개한 "배가 움직이나? 연안이 움직이나舟行岸行?"를 인용한 것이다. 여기 인용된 부분은 물론 갈릴레이가 사용한 비유 바로 그것이다. '갈릴레이의 상대성相對性[Galilean relativity]'을 보여주는 이 예는 바로 일정한 속도로 움직이는 체계 속에서는 그것이 자신이 운동해서 일어나는 것인지 아니면 대상이 운동해서 일어나는 현상인지를 판별할 수 없다는 것을 보여준다.

불행히도 지금까지 '주행안행舟行岸行'의 문제는 그 과학사적 의미는 커녕 그 글의 뜻조차 제대로 이해되어 오지 못했다. 홍대용 지전설의 독창성을 강력하게 주장했던 대표적 논문에서 천관우千寬宇(1925~1991)는 이 부분을 서양 사람들이 배를 타고 오고, 해안을 따라 온다는 의미로 잘못 해석했다. 그것이 서양 선교사들이 읽은 갈릴레이의 상대성 문제이며, 그것은 어쩌면 서양 선교사들이 내놓고 지동설에 동조할 수는 없지만, 천동天動과 지동地動의 어느 쪽이 옳은지 판단을 주저하는 입장을 보여주는 부분이라 할 수 있다. 홍대용은 바로 그와 같은 선교사들의 주저하는 태도를 간파한 것으로도 볼 수 있다.

바로 이런 부분을 홍대용은 제대로 파악했기 때문에 서양인들이 지전설을 확실하게 지지하지만 않았을 뿐, 이미 내세우고 있다고 말한 것으로 보인다. 그렇다면 홍대용의 지전설의 독창성의 범위는 거의 확실하다. 즉 그는 서양 선교사들이 잘못된 생각이라고 소개했던 그리스의 지전설을 그 나름의 논리적 근거에서 옳다고 판단한 것이다. 그에게는 무한한 우주 저쪽의 별들까지 모두 지구를 하루 한 번씩 돈다는 것은 도저히 상상할 수도 없는 일이었다. 따라서 지구가 하루 한번씩 도는 수밖에 도리가 없었던 것이다.

홍대용이 그의 지전설을 주장하게 된 근거는 다음과 같다고 정리할 수 있다. (1) 이미 서양 선교사들의 글에 서양 고대의 지전설이 '잘못된 이론'이지만 소개되었다. (2) 역시 선교사들의 글 속에서 우주무한설을 받아들인 그는 무한한 우주가 지구 둘레를 하루 한 바퀴 돈다는 것은 불가능하다는 나름의 논리를 전개했다. (3) 따라서 지구는 하루 한 번씩 자전할 수 밖에 없다. (4) 그러나 지구의 공전설은 홍대용에게는 설득력이 없어 보였다. 따라서 그는 자전은 주장하면서도 공전은 거부했다. 그가 지구의 공전을 거부한 태도는 오히려 그의 자전설이 상당히 독창적 결론이었다는 것을 뒷받침한다고도 할 수 있다. 그의 주장을 나타내는 부분을 인용한다.

천체가 운행하는 것이나 지구가 자전하는 것은 그 세가 동일하니, 분리해서 설명할 필요가 없다. 다만, 9만 리의 둘레를 한 바퀴 도는 데 이처럼 빠르며, 저 별들과 지구와의 거리는 겨우 반경半徑 밖에 되지 않는데도 몇천만억의 별들이 있는지 알 수 없다. 하물며 천체들이 서로 의존하고 상호 작용하면서 이루고 있는 우주 공간의 세계 밖에도 또 다른 별들이 있다. …… 칠정七政(태양, 달, 화성, 수성, 목성, 금성, 토성)이 수레바퀴처럼 자전함과 동시에, 맷돌을 돌리는 나귀처럼 둘러싸고 있다. 지구에서 가까이 보이는 것을 사람들은 해와 달이라 하고, 지구에서 멀어 작게 보이는 것을 사람들은 오성五星(수성, 금성, 화성, 목성, 토성)이라 하지만, 사실은 모두가 동일하다.　　　　　　　　　　　　　　　　　　　　　　　『의산문답』

4. 우주무한설宇宙無限說, 지구의 상하지세上下之勢, 우주인설宇宙人說

　　다음으로 이미 앞에서 소개한 우주의 크기 문제를 생각해 보자. 홍대용은 우주의 수많은 별들은 각기 그들 나름의 세계를 만들고 있고, 지구 역시 다른 천체와 함께 하나의 세계를 구성하고 있다고 주장한다. 그런데 지구를 가운데로 하여 달과 태양은 지구를 돌고 있지만, 그 밖의 5행성은 지구를 도는 것이 아니라 태양 둘레를 돈다. 그러면 왜 지구는 자전하면서 공전은 하지 않는 것일까? 홍대용은 자전이란 용어는 그대로 쓰고 있지만, 지금 우리가 쓰는 '공전公轉'이란 단어는 '주행周行'이란 표현으로 쓰고 있다.

　　그에 의하면 천체 가운데 가볍고 빠른 것은 자전과 공전을 함께 할 수 있지만, 무겁고 느린 것이라면 자전은 하지만 공전은 할 수가 없다는 것이다. 지구는 바로 이 때문에 자전만 할 뿐이라고 그는 설명한다. 이 부분의 그의 주장은 중국에 나와 있던 서양 천문학 서적에서 얻은 지식을 바탕으로 하고 있음이 분명해 보인다. 우주가 무한하고, 그 가운데 지구 비슷한 다른 천체들이 따로 그 나름의 세계를 만들고 있으리라는 생각은 17세기를 전후해 서양에서 널리 퍼지기 시작한 주장이었다.

땅이 둥글면 그 위에 사는 사람들은 상하上下를 어떻게 느끼게 될까? 우리가 바로 서 있을 때 지구 반대 쪽에는 거꾸로 서 있는 사람이 있는 것은 아닌가? 또 옆으로 서서 사는 인간도 있을 것 아닌가? 이 모순을 홍대용은 간단히 설명해 해결해 준다. 사람은 누구나 자기가 바로 서 있고, 지구 반대 편 사람들이 거꾸로 서 다닌다고 생각하지만, 지구에는 중심으로 인력引力이 작용하고 있어서 지구상 어느 곳이나 마찬가지로 위로 향하고 있다는 것이다. 그는 아직 지구의 이런 특성을 '인력'이라고 표현하지는 못하고 있다. 그 대신 그런 힘을 '상하지세上下之勢'란 용어로 나타내고 있다. 상하지세는 지구에서 멀어지면 없어진다. 그런데 그가 말하는 상하지세란 지구 둘레에만 한정한 생각이 아닌가 생각된다. 그는 달이나 태양 등이 지구로 떨어지지 않는 까닭을 바로 지구의 상하지세가 거기에는 미치지 못하기 때문이라고 생각한 것으로 보인다.

그가 말하는 상하지세란 얼핏 보아 지금 우리가 말하는 인력 같이 생각하기 쉽지만 전혀 지금의 인력 개념과 다르다는 것을 알 수 있다. 그것은 자전하는 지구의 둘레에 있는 공기가 서로 작용해서 지구 중심으로 무엇이나 끌어 내리는 힘을 작용한다는 정도의 뜻이어서, 그 힘은 지구 중심에서 멀어지면 없어진다고 설명되어 있다. 그렇다면 얼마나 먼 곳이면 지구의 상하지세가 사라진다는 것인가? 이에 대해서는 홍대용은 구체적 대답을 하지 않고 있다.

그러면서 그는 우주는 유한한 것이 아니라 무한하다고 주장한 것이다. 그리고 이미 소개한 것처럼 그는 이 무한한 우주에는 지구를 중심으로 한 세계 이외에도 얼마든지 많은 다른 세계가 있음을 인정하고 있다. 그는 지금 우리가 태양계라 부르는 것을 '지계地界'라 불렀는데, 다른 항성 둘레에는 그 나름의 행성계行星界를 상상한 것으로도 보인다. 그런데 그는 분명히 지구가 우주의 중심이 아니라고 써놓고 있다. 그러나 동시에 그는 지구는 다른 행성들과 달리 무겁고 둔해서 자전은 할 수 있지만 공전은 불가능하다고 말하여 마치 지구가 중심에 있다는 듯한 인상을 준다.

특히 그는 지구의 인간 말고도 다른 행성이나 달에도 그 조건에 맞는 생명체가 있을 것이라고 우주인의 존재를 주장하고 있다. 그는 『의산문답』에서 해[太陽] 속의 생물은 불 속에 살면서도 그 뜨거움을 모르며, 달 속에 사는 생물은 얼음과 함께 살면서도 그 차가움을 모른다고 적고 있다. 마치 해와 달에도 생물이 있다는 투다. 그러나 그의 생각이라면서 그의 친구 박지원은 중국인들에게 보다 구체적인 우주인설을 밝힌 일이 있다. 1780년의 추석이틀 전날 밤에 달 구경을 하면서 박지원(1737~1805)은 중국 학자들에게 지금 달에서도 지구를 쳐다보며 이야기하는 달의 인간도 있을 수 있지 않은가 말하고, 그런 생각은 친구 홍대용의 주장이라고 밝히고 있다.

박지원의 『열하일기』에 기록된 것인데, 1780년 음력으로 8월 13일 밤에 그는 중국학자들과 마나 술을 한 잔 하며 이런 이야기를 한 것으로 기록하고 있다. 그런데 달은 그 때만 해도 지구와는 달리 물로 된 별이라고 여겨졌고, 화성은 불로 된 별이라는 생각이었다. 그래서 홍대용은 생각으로는 달에는 물로 사는 사람이, 화성에는 불로 사는 사람이 각각 있다고 생각한 것 같다. 지금이야 과학이 발달해서 달이나 화성도 지구와 별로 다르지 않은 별이란 것을 알고 있다. 그러니 홍대용이 달에는 물로 사는 사람, 화성에는 불로 사는 사람이 있을 거라고 생각한 것은 맞지 않게 된 셈이다. 하지만 2백 년 전에 남은 생각지도 않았던 우주인을 상상했다는 것만은 대단한 일이라 할 수 있다. 사실 따지고 보면 과학도 이런 근거 있는 상상력을 시작으로 연구해서 발달하기 마련이기 때문이다.

홍대용이 주장한 이들 몇 가지 생각은 모두 지구의 자전 문제와 관련된 일관된 사상임을 알 수 있다. 또 이런 생각들은 모두가 17세기 이래 서양에서 나와 있던 것으로, 선교사들에 의해 중국에 소개되어 있었던 것이다. 홍대용은 우주에서 지구에 이르는 일체의 생각을 모두 서양 과학 지식을 받아들여 정립하고 있었던 것이라 할 수 있다. 엄격하게 말하자면 그의 독창적 주장은 거의 없었다고 생각할 수 있다. 그럼에도 불구하고 그의 이와 같은 우주관이 당시 다른 학자들에게서 거의 찾아 볼 수 없는 특이한 부분이라는 사실을 오늘 우리는 어떻게 평가할 수 있을까?

한국 실학사에서 홍대용의 위치는 바로 여기에 있다고 생각할 수 있다. 즉 그는 수많은 실학파 학자들 가운데에도 유일하게 이상과 같은 종합적인 과학 사상을 구축해 가지고 있었던 것이다. 지구설은 이미 다른 학자들에 의해 받아들여져 있었지만, 그렇게 둥근 지구가 하루 한번 자전해서 낮과 밤이 생긴다고 밝힌 학자는 그가 처음이다. 또 땅 모양이 둥글다면 중국이 세계의 중앙에 있다는 주장을 더 이상 고집할 수 없다는 사실은 이미 이익도 알고 있었지만, 그 지구에는 '상하지세'가 있어서 지구의 반대 쪽에도 사람이 살 수 있음을 확연하게 밝힌 것은 홍대용이었다. 또 그는 어느 한 나라가 지구상의 중앙임을 자처할 수 없을 뿐만 아니라, 지구 조차 세계의 중앙을 자처할 수 없다고 주장하며, 우주는 무한하다고 설파했다. 또 그렇게 무한한 우주 속에는 지구 위의 사람만이 귀한 것이 아니라 달이나 태양에도 그 조건에 맞는 생명체가 존재하고, 어쩌면 우주인도 여기 저기 있을지 모른다는 사실을 설파했다.

지구 자전을 확실하게 주장한 사람도 그가 처음이었지만, 이렇게 일관된 우주관으로 이를 뒷받침하고 나섰던 학자는 동양에서는 홍대용이 처음이었다. 홍대용의 평가는 단지 최초의 지전설 주창자로서만이 아니라, 이런 종합적 과학사상가로서 이루어져야 마땅하다.

5. 근대과학의 파악과 그 수용 노력

홍대용이 이런 체계적인 주장을 하고 나설 수 있었던 것은 우선 그가 서양 과학의 알맹이를 제대로 파악하고 있었기 때문이다. 그가 살고 있던 시기에는 조선에도 서양과학의 영향이 간접적이기는 하지만 조금씩 미치고 있을 때였다. 그러나 아직 서양 근대과학의 정체를 제대로 파악하기에는 조선 지식층의 지식이란 엷기 짝이 없는 정도에 지나지 않았다. 이런 엉성한 조건 속에서 이미 그는 서양 근대과학의 정신을 재빨리 터득하고 있었다.

중국 학자에게 보낸 편지에서 홍대용은 서양 과학의 산술算術

과 의상儀象의 교묘함은 실로 중국에 일찌기 없던 일 이라고 극찬하고 있다. 또 중국에 갔을 때 서양 선교사를 만나는 장면에서도 그는 현재 서양의 과학 방법은 수학에 근본을 두고 의기儀器를 이용하여 모든 형체를 관찰하고 측정하는… 일찌기 중국에 없던 방법 이라고 평가하고 있다. 또 수학책 『주해수용籌解需用』에서도 그는 서양에는 중국에 없던 의기와 산수의 이용으로 세상 만사를 모두 측정하고 관찰하여 아무 것도 남김이 없다儀器以規之 算數以度之 天地之萬象 無餘蘊矣고 판단하고 있다. 요컨대 그는 당시 조선과 중국에 알려지기 시작한 서양 근대과학은 '수학'과 '관찰-실험의 기구' 등 두 가지에 그 강점이 있어서 발달한 것이라고 옳게 평가하고 있었음을 보여준다.

이런 바른 평가를 바탕으로 홍대용이 평생에 기우린 노력이 바로 수학의 학습과 교육, 그리고 여러 가지 의기의 연구 제작 등이었다. 수학에 대해 그가 이룩한 업적은 『주해수용籌解需用』이라는 수학 책의 저술이다. 한국 수학사에서 이 수학서를 어떻게 평가해야 할 것인지는 이제 겨우 시작되고 있지만, 홍대용이 서양 수학의 중요성을 인식한 토대 위에서 이 책을 지은 것만은 확실하다. 그는 나름대로 하루 속히 서양 근대과학을 배워 오기 위해서는 수학의 수준을 높일 필요가 있음을 절감하여 이런 개인적인 노력을 했음을 알 수 있는 것이다.

그가 서양 과학을 배워 오기 위해 더욱 힘쓴 분야는 바로 관찰과 실험을 위한 과학 기구의 제작과 이용이었다. 그리고 이 방면에서 그는 우선 천문 의기에 관심을 가져 중국을 방문하기 전에 벌써 나주羅州의 나경적羅景績, 안처인安處仁과 함께 여러 가지 천문 기

뇨종鬧鐘[자명종]

망원경

구를 제작했다. 이렇게 만든 기구 가운데에는 통천의統天儀, 혼상의 渾象儀, 측관의測管儀, 구고의勾股儀 등 천문 관측 기구와 자명종인 후종候鐘 등이 있었다. 홍대용은 이렇게 제작된 기구들을 천안天安의 자기 집 안 호수에 정자를 짓고, 그 안에 설치해 두었다. 이 정자가 말하자면 자그마한 개인 천문대로 그는 두보杜甫의 시에서 따서 여기 농수각籠水閣이란 이름을 붙였다. 그가 따온 두보의 시귀는 "해와 달은 조롱 속의 새, 하늘과 땅은 물 위의 부평초日月籠中鳥 乾坤水上 閣"라는 부분에서 두 글자를 따다 쓴 것을 알 수 있다.

홍대용이 얼마나 천문 기구를 비롯한 서양 과학의 이기利器들에 관심을 가지고 있었고 그를 받아들이기 위해 힘썼는가는 여러 가지로 나타난다. 북경을 방문했을 때 그는 어떻게든 망원경을 하나 구입해 오려고 노력했으나, 결국 너무 값이 비싸 사오지는 못한 것으로 보인다. 그러나 그는 서양 선교사들을 찾아 남천주당南天主堂에 들렀을 때 그들에게 간청하여 그곳에 설치된 여러 가지 천문 기구와 시계, 풍금 등을 구경하고 만져 볼 기회를 얻는다. 여기서 처음으로 그는 망원경으로 해를 구경할 기회를 얻었고, 풍금도 연주해 보았다. 그는 북경에 있는 60일 동안 4일을 선교사들을 만나기 위해 썼고, 관상대와 다른 천문대도 찾아가 천문 기구들을 구경할 수 있었다.

그가 일생 가장 힘써 노력한 것은 바로 서양과학의 습득에 있었다고 할 수 있을 지경이다. 그러나 그의 과학 사상이 완전히 서양에서 들어 온 정보에만 의존하고 있었던 것으로는 보이지 않는다. 오히려 그는 서양과학에서 얻은 새로운 지식도 전통적인 사상의 틀속에 녹여 보려는 노력을 기울이고 있었음을 여러 가지에서 발견할 수 있기 때문이다.

예를 들면 홍대용의 과학 사상 대부분을 담고 있는 그의 대표적 과학 작품 『의산문답』은 그 구성에서부터 내용에 걸쳐 전통적인 사상이 짙게 깔려 있음을 느끼게 된다. 특히 실옹實翁과 허자虛子의 대담 형태로 이끌어 지는 이 글은 그 배경부터가 지극히 도교적道教的이다. 허자로 대표되는 종래의 유교 또는 주자학 전통을 부정하면서, 실옹이 대변하는 사상 내용은 바로 도교적인 색채를 짙게 나타내고 있는 것이다. 물론 허자가 실옹에게 물은 '대도大道'라는 표현 자체가 도교의 존재이유가 되는 용어라는 점도 주목할 가치가 있다. 게다가 『의산문답』은 신선술神仙術까지 소개하여 더욱 도교적임을 나타내기도 한다. 실옹이 가르치는 내용 가운데 상당 부분이 서양과학의 지식을 보여주면서도 그 전체를 얽는 줄기는 도교 정신이라고 판단되는 것이다.

홍대용은 전통적인 음양陰陽・오행五行・재이災異・풍수風水 등 유교가 대체로 용인하고 있던 자연관에 대해 모두 부정적이었다. 그리고 이들 사상에 대해 이곳 저곳에서 서양 과학의 영향을 느끼게 된다. 예를 들면 오행에 대해 그는 세상의 기본 물질에는 꼭 다섯이나 몇 개가 있지 않다면서, 대체로는 기氣・화火・수水・토土의 4원소설을 말하기도 한다. 물론 그리스 이래 서양 사람들이 가지고 있던 4원소설의 영향을 반영하는 것으로 보인다. 그러나 홍대용은 이를 받아들이는 것이 아니라, 그 나름대로 다시 구성하여 이 세상의 가장 근본적인 물질적 원인으로 하늘[지], 해[日], 땅[地] 등을 내세우고 있다. 4원소를 이들 세 가지 천문학적 원소로 재배치하는 셈이다.

그는 또 생명체를 세 가지로 대별해서 초목草木, 금수禽獸, 인간人間으로 나눈다. 생명체의 발생은 두 가지로 진행되는데, 하나는 동굴 속 같은 곳에서 기氣가 모아져 질質을 이루어 생겨나는 경우인데, 이를 기화氣化라 한다. 홍대용이 말하는 기화란 바로 서양 과학사에서 일찍 논의되었던 자연발생설自然發生說(spontaneous generation)을 가리킴은 물론이다. 다음으로는 암수가 서로 감感하여 새끼를 만들어 내는 경우가 있는데 이를 홍대용은 형화形化라 했다.

그런데 원래 옛날에는 기화氣化 밖에 없었다. 그러다가 뒤에서 암수 또는 남자와 여자가 생겨나 유성생식有性生殖이 시작된 것이다. 그것은 지기地氣가 쇠약해지면서 나타난 것인데, 결국은 기화 자체를 사라지게 만들었다는 것이다. 모든 생명이 형화 만을 통해 번식하게 되자, 전에는 없었던 불행이 세상에 닥치게 되었다. 인간과 동물은 정욕情慾을 가지게 되고, 배고프고 목마름을 알게도 되었다. 당연히 정치사회적 조직이 필요해졌다는 것이다.

그는 생명을 셋으로 나눠, 인간과 금수와 초목 사이에는 근본적 차이가 있다고 강조했다. 가장 낮은 단계의 생명인 초목은 거꾸로 살며[倒生], 따라서 지知를 가지나 각覺을 갖지 못한다. 새와 짐승(동물)의 경우에는 옆으로 살며[橫生], 감각[覺]은 있으나 지혜[慧]를 갖지 못한다. 인간 만이 바로 서서 살고[正立] 지知와 각覺과 혜慧를 모두 갖추고 있는 것이다. 이는 이미 1600년대 초부터 중국에 소개되고 있던 책들의 영향이 분명하다. 예를 들면 초기에 마테오 리치M. Ricci가 쓴 대표적 천주교 교리서인 『천주실의天主實義』에는 이미 아리스토텔레스Aristotle의 삼혼설三魂說이 소개되어 있다. 홍대용의 생각과 거의 같다고도 할 수 있다. 또 기화 – 형화를 말하는 것 역시 서양 과학의 내용에서 얻은 생각이 아닐까 생각된다.

그런데 이렇게 명백히 인간이 동물과 식물보다 우월한 것으로 말하면서도, 홍대용은 인간이 다른 동물이나 다른 생물 보다 우월하다고는 말하지 않는다. 오히려 인간과 같은 혜慧를 갖추지 않은 동물이 속임수를 쓸 줄 모른다는 점에서 인간 보다 나으며, 각覺이 없어 무위無爲인 식물은 또한 그 때문에 인간보다 귀貴하다고 그는 말하고 있다[無慧故無詐 無覺故無爲 然則物貴於人亦遠矣]. 이는 인물성동人物性同을 주장하는 낙론洛論의 사고라고도 말할 수 있겠고, 또는 도가적 전통을 반영한다고도 말할 수 있을 것이다.

그는 또한 우주 여기 저기에는 그곳의 조건에만 맞는 아주 다른 종류의 생명체가 있을 수 있다고도 말한다. 태양에서 사는 불쥐[火鼠]와 달에서 사는 수족[水族] 등을 그는 말하고 있는 것이다. 그가 우주 저쪽에 인간과 비슷한 지적知的 존재를 상상한 것은 이런 맥락에서 당연한 일이다. 분명 도교적인 입장을 나타내는 것이라 판단된다.

그가 참신한 사회사상을 전개할 수 있었던 논리적 배경에는 바로 이러한 도교적 자연관이 깔려 있었던 것이다. 그에게는 생물이 그 특성의 차이에도 불구하고 어느 것이 더 우월하지 않은 것처럼, 또 지구상의 인간이 그 살고 있는 지리적 위치에 상관없이 평등한 것처럼, 무한한 우주 속에서는 지구상의 인간도 무수히 많은 우주 속의 지적知的 존재 가운데 한 부류에 지나지 않을지 모른다고 상상하고 있었던 것이다.

그의 놀라운 상상력이야 말로 18세기 주자학적 사상의 틀에 얽매여 있던 대부분의 조선 학자들 사이에서는 발견하기 힘든 지적

탐구 정신을 드러내 준다. 그리고 그런 정신을 가지고 그는 새로 알기 시작한 서양 근대과학을 배우려고 힘껏 노력했다. 그것은 18세기의 가장 역동적인 국제화에의 집념이라고도 해석할 수 있다. 이런 홍대용의 태도야 말로 오늘 우리들에게 본받을 수 밖에 없는 귀감이 되는 것이 아닐까라고 나는 생각한다.

그가 당시 조선에 전해진 서양 과학의 내용에 아주 밝았다는 것은 한편 신기하게 느껴질 지경이다. 왜냐하면 당시 대부분의 조선 지식층에게 그것은 별로 잘 알려져 있지 않았기 때문이다. 물론 대부분의 사대부 지식층과 달리 그는 중국을 다녀왔다. 그리고 중국에 있는 60일 동안 네 번이나 성당을 찾아가 서양 선교사=천문학자들을 세 번이나 만나 서양 과학에 대해 필담筆談도 했다. 하지만 이런 직접적 경험만을 통해 그의 깊이 있는 과학에 대한 태도가 만들어졌다고는 말하기 어렵다. 그는 상당히 많은 책을 읽고 또 친구들과 토론하고, 생각한 끝에 나름대로의 체계를 세워 서양과학을 이해했을 것으로 보인다.

특히 그는 당시까지는 서양 과학의 본질을 가장 뚜렷하게 파악했던 조선 학자였던 것으로 보인다. 조선 시대 최초의 '근대과학의 철학자'라고 불러도 좋을 듯하다. 가장 대표적이고도 구체적인 예를 하나 들어 보자. 그의 중국 여행 기록인 『연기燕記』에는 「유포문답劉鮑問答」이 있는데, 바로 그가 북경에서 찾아가 만난 서양 선교사 두 사람과의 만남을 기록한 것이다. 그가 남천주당에서 만난 서양 선교사는 중국의 천문대인 흠천감欽天監의 우두머리[監正]였던 할러쉬타인劉松齡(August von Hallerstein)과 두 번째 자리[監副]에 있던 고가이슬鮑友管(Anton Gogeisl)이었는데, 이들과의 필담 내용을 정리한 것이다. 여기서 그는 서양 과학의 장점 내지 특징은 수학을 바탕으로 하고 관측을 기초로 하여 가능해진 것임을 설파하고 있다. 이런 특징이 중국 문명에서는 찾아보기 어려운 것이었다고 그는 지적하고 있다今泰西之法 本之以算數 參之以儀器 度萬形窺萬象 … 則謂漢唐所未有者非妄也.

근대 서양과학의 특징을 잘 지적하고 있음을 알 수 있다. 근대 과학의 특징으로는 수학과 실험을 가장 먼저 들 수 있다. 아인쉬타인A. Einstein이 말하여 널리 알려진 바처럼, 서양에서만 과학이 발달한 가장 근본적인 이유는 두 가지, 즉 "그리스 이후의 기하학 발달에서 알 수 있는 것 같은 논리적 사고, 그리고 17세기에 꽃피기 시작한 실험을 통한 자연 법칙의 증명"을 들 수가 있다. 홍대용도 거의 비슷한 논평을 하고 있다고 할 수 있다. 수학과 실험을 서양과학의 특징으로 꼽은 것이다. 실제로 그는 그 자신 수학과 실험을 위해 노력하기도 했다. 앞에서 지적한 것처럼 그의 집안에 만든 작은 천문관 농수각籠水閣과 중국에서 돌아와서 쓴 수학책 『주해수용籌解需用』을 보면 된다.

홍대용이 얼마나 과학 실험에 관심이 높았던가는 그의 친구 박지원의 회고에서도 나타난다. 1780년 북경에 간 박지원은 관상대 구경을 원했다가 거절당하고 그 안을 기웃거렸다. 그 안에는 홍대용과 함께 찾아갔던 정철조鄭喆祚(1730~1781)의 집에서 본 것과 비슷한 의기들이 있음을 보고 그는 다음과 같이 기록하고 있다.

두 사람(홍대용과 정철조)은 황도, 적도, 또는 남극과 북극을 말하며 토론했다. 어떤 때는 고개를 끄덕이고, 또 다른 때는 고개를 가로 젓기도 하면서 … 그들의 토론은 나에게는 너무 심오하고 어려워서 더 듣지 못하고 잠들고 말았다. 새벽에 깨어 보니 아직 어두운 불빛 아래 두 사람은 여전히 토론을 계속하고 있었다.　　　　　박지원 『열하일기』 관상대

이런 그의 태도는 조금 확대 해석한다면, 근대과학 방법의 두 가지 정신을 완벽하게 천명하고 있는 듯하다. 베이컨F. Bacon의 귀납법歸納法(=Induction)은 바로 홍대용이 강조한 관측기구들에서 나타난다고 할 수 있고, 홍대용이 말하는 수학적 방법이야 말로 같은 시대 데카르트R. Descartes의 연역법演繹法(=Deduction)을 대표한다. 홍대용이 베이컨이나 데카르트를 알았을 이치가 없지만, 그는 그들이 말하는 과학방법론에 통하고 있었던 셈이다.

6. 홍대용 과학사상의 평가

홍대용의 과학사상은 한국사의 다른 부분에 비하면 이미 잘 알려져 있는 편이라고 할 수 있다. 그러나 앞으로 이 방면 연구는 여러 가지로 확대되고 비교되어 나갈 것으로 보인다. 우선 한국사의 범위 안에서는 그의 사상이 당대 다른 학자들과는 어떻게 비교되는가가 관심의 대상이 되어 갈 것이 분명하다. 예를 들면 황윤석黃胤錫(1729~1791)과 정철조鄭喆祚(1730~1781) 등은 홍대용과 가깝게 지낸 당대의 뛰어난 과학사상가들이다. 황윤석에 대한 연구는 겨우 시작 단계라 할 만 하지만, 정철조에 대해서는 아직 연구가 전혀 되어 있지 않은 듯하다.

홍대용과 황윤석은 다 같은 김원행金元行(1702~1772)의 제자이며, 함께 자명종 구경도 다닌 사이로 밝혀져 있다. 황윤석이 남긴 기록에 의하면 1772년 2월에 홍대용과 황윤석은 스승 김원행을 모시고 흥양興陽=高興으로 염영서廉永瑞가 만든 자명종 구경을 다녀온 것으로 되어 있다. 그는 여기서 또 홍대용의 집에 만들어 놓은 농수각龍水閣도 구경한 것으로 전한다. 이들은 이렇게 천문 기구 등에 대해 공통된 관심을 가지고 있었고, 역법[律曆]과 상수학象數學에 관해 함께 논의했다는 기록도 남아 있다. 율력이나 상수란 표현은 물론 전통적인 용어지만, 여기서는 율력이란 표현은 이미 이들이 접하고 있던 서양식 천문학을 연상케 하고, 상수란 말은 전통적인 성리학적 우주론을 연상케 해 준다. 이들은 분명히 서로 만나 서양식 천문학 지식과 그것에 대한 전통적 해석 문제를 함께 논의하고 토론했던 것으로 보인다. 말하자면 홍대용이 서양 과학의 여러 분야에 모두 관심을 갖고 그것을 이해하려고 노력했던 것과는 달리 같은 시대 같은 연배로 같은 선생 밑에서 수학했다고 할 수 있는 황윤석은 보다 보수적인 학풍으로 일관한 것을 알 수 있다.

또 정철조와는 밤을 새워 천문학과 우주구조에 관해 토론했다는 박지원의 기록을 앞에 소개한 바 있다. 앞으로 더 연구해갈 문제를 던져준다.

그러면 홍대용은 같은 시기 일본과 중국의 사상가 및 과학자들과는 어떻게 공통적인 모습을 보여주는가? 또는 서로 다른 생각을 가지고 있었을까? 앞으로는 이 방면에도 깊이 연구할 필요가 있고, 역시 흥미로운 문제라고 생각한다. 우선 같은 시기의 비슷한 분

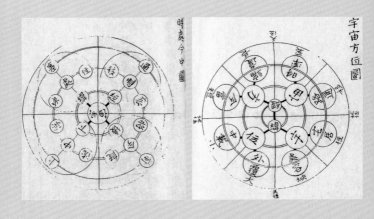

현어玄語, 미우라 바이엔의 대표적인 철학서이다.

야의 공통성을 가진 지식층을 몇 몇 골라 홍대용과 비교해 보자면, 일본의 경우에는 미우라 바이엔三浦梅園(1723~1789)과 히라가 겐나이 平賀源內(1728~1779) 등을 말할 수 있고, 중국의 경우에는 매곡성梅殼成 (1681~1763)과 대진戴震(1724~1777) 등을 떠올리게 된다.

미우라三浦梅園는 1775년에 대표작 『현어玄語』를 완성했는데, 그는 그 전에 이미 『췌어贅語』·『감어敢語』를 써서 『매원삼어梅園三 語』를 완성했다. 그의 '의심하는 철학'은 근대 과학적 방법으로 주 목받아 왔으며, 이미 이에 대해서는 오가와小川晴久가 홍대용과 비 교하는 논문을 발표한 일이 있다. 같은 시기의 히라가平賀源內와의 비교도 흥미롭다. 그는 일본에서 근대적 물산박람회를 시작한 인 물이고, 화완포火浣布(석면으로 만든 타지 않는 직물), '다루모메이토루'(온 도계), 1776년에는 '에레키테루'(발전장치)를 제작하여 일본 최초의 전기 실험을 시작한 인물이다. 그는 광산 개발에도 열심이었고, 불운으로 옥중에서 사망한 그 시대의 대표적 풍운아 과학자였던 셈이다.

일본의 경우 동시대의 난학자蘭學者 가운데 얼마든지 비슷한 관심을 가지고 활동했던 인물들이 많다. 1774년 일본 최초로 서양 책을 일본어로 번역해 낸 스기다杉田玄白(1733~1817) 등도 포함시킬 수 있을 정도다. 그는 동료들과 함께 원래는 독일에서 처음 발행된 해부학 책의 화란어판을 일본어로 번역해 『해체신서解體新書』를 냈던 것이다. 고구마 보급에 뛰어난 공을 세워 기근과 싸운 난학자로 널리 알려진 아오끼青木昆陽(1698~1769)의 노력은 오늘날 일본 학교 교과서에 실려 있기도 하다.

중국의 과학사에서 홍대용과 비교해 볼만한 인물로 먼저 떠오르는 매곡성梅瑴成(1681~1763)이라면 더욱 유명한 청대 초기의 천문학자이며 수학자인 그의 할아버지 매문정梅文鼎(1633~1721)을 떠올리게 된다. 비슷한 분야의 대가가 된 이 손자는 특히 서양 수학과 역법을 정리하여 『수리정온數理精蘊』(1723) 53권을 만들어 낸 것으로 유명하다. 이 책에는 차근법借根法이라는 이름의 새로운 고차방정식이 있었으며 권말에 삼각함수표와 대수(log)표 등이 실려 있다. 또한 수리천문학에서도 유럽쪽의 지식이 도입되고 선교사를 중심으로 『서양신법역서西洋新法曆書』(1631), 『역학회통曆學會通』, 『역상고성曆象考成』(1723), 『역상고성후편曆象考成後編』(1742) 등이 저술되어, 산술·대수·기하·삼각법·로그 등을 포함한 근세 유럽 수학의 성과가 어느 정도 체계적으로 중국에 전달되었다.

대진戴震(1724~1777)은 홍대용과 거의 같은 시기를 살았는데, 『원

대진戴震 유묵,
옛 것을 논할 때는 우선 진나라 이전을 서술하고   論古姑舒秦以下
마음을 써야 하는 것은 오직 시물의 처음에 있다   游心獨在物之初

선原善』(1763) 3권, 『맹자자의소증孟子字義疏証』(1766) 3권 등에서 유물론적 세계관을 말한 것으로 알려져 있다. 그는 1770년대에는 천문산법류天文算法類 도서를 교감하여 이 방면의 고증학자로 이름이 높다. 그는 이리는 기氣 속에 포함되어 있는 조리條理라고 단정한다. 이理란 별도로 존재하지 않는다는 뜻이다. 이런 측면은 홍대용과 통하는 것으로도 보인다. 중국 사상사 내지 철학사에 뚜렷하게 이름을 남기고 있는 그는 자字를 동원東原이라 했는데, 당연히 서양 수학과 천문역산학에도 아주 밝았음을 알 수 있다. 『맹자자의소증』은 맹자의 문장을 중심으로 하고 고증학考證學의 지식을 구사하여 이理・천도天道・인의仁義 등 유교의 주요 개념을 해설하였다. 청나라 고증학자로서는 드물게 사상 문제를 다루고 있고 그 해설이 합리적이고 근대적 경향을 나타낸다하여 양계초梁啓超(1873~1929)나 풍우란馬友蘭(1894~1990) 이후 중국 사상사思想史에 큰 자리를 차지하고 있다. 또 저서에는 『고공기도考工記圖』도 있는데, 말하자면 고대 중국의 기술 전통에도 일정한 관심과 기여를 하고 있다.

그러나, 한편으로는 서양 수학의 연구는 중국인의 전통의식을 자극하여 중국 본래의 수학에 대한 관심을 높이게 하는 결과를 가져오기도 했으며, 이 속에서 『사고전서四庫全書』의 수학 부분을 담당한 대진이 『산경십서算經十書』를 발굴하여 세상에 알림으로써 전통수학의 재인식, 더 나아가서는 수학의 복고시대를 만든 계기를 가져왔다는 평가도 있다.

물론 이 밖에도 아주 많은 인물과 그들의 사상을 홍대용과 비교해 볼 수 있을 것이다. 완원阮元(1764~1849)은 비교하기에는 너무 늦지만, 그가 남긴 대표작 『주인전疇人傳』은 수학자와 천문학자의 전기로서 수많은 동서양의 인물들을 소개하고 그 업적을 평가하고 있다. 그는 18세기말에 이 작업을 일단 완성하는데, 서양과학의 중국 기원설을 주장했다. 서양의 놀라운 과학과 수학적 성취가 사실은 중국에 원래 있던 것을 확장해 얻은 것일 뿐이라는 좀 과장된 주장을 했던 것이다.

　　이상 아주 간단하게 살펴보았지만, 앞으로 홍대용의 연구는 이웃나라 비슷한 시기의 많은 사상가들과 비교 연구해야 할 부분이 아주 많다는 것을 느끼게 해 준다.

洛瑞對門自其童子騎見不復賓客日盛有意當世

而今年未四十已白頭顧為道其感慨然不復病困

氣貌衰落泊然無意不復向時也茲為之記以酬

雜著

許生傳　疎宕悲憤馬史之變

許生居墨積洞直抵南山下井上有古杏樹柴扉向樹

而開草屋數間不蔽風雨然許生好讀書妻為人縫刺

以糊口　日妻甚饑泣曰子平生不赴舉讀書何為許

燕巖集　卷之六　別集　雜著

九

5장

홍대용과
그의 주변
사람들

琴皪于柔序書必揚雄其孔明吾死其墨矣乎

但長遜曹交廉讓於陵慚愧惡愧因獨自大笑時余果

不食三朝廊隷爲人盍屋得催直始夜炊小兒呿飯啼

不肯食廊隷怒覆盂與狗惡言詈死時乔侫纔飯已困

홍대용은 1731년의 3월 1일 천안에서 태어났다. 거의 2백년 뒤 같은 날 3월 1일 유관순柳寬順(1902~1920)이 만세를 불러 유명해진 아우내[並川] 장터와 아주 가까운 곳이라 할 만하다. 고향이 같은 두 사람이 같은 날자로도 나란히 역사에 기록된다.

그의 고향은 지금은 충청남도 천원군 수신면 장산리인데, 옛 사람들의 기록이 대개 그렇듯이 홍대용의 어린 시절에 대한 이야기는 자세한 내용은 알 수가 없다. 다만 뒷날 그의 아버지가 한 말 가운데에 어려서 몸이 약했다는 부분이 보이고, 홍대용이 스스로 한 말 가운데에는 성질이 원만하지 못했다는 말도 있다. 아마 어렸을 때는 성질도 좀 급하고 몸도 약했던 것이 아닐까? 하기는 어린이 시절에는 성질이 까다로우면 몸이 약하고, 반대로 몸이 약한 아이는 까다로운 수도 많은 것이 사실이다. 아마 홍대용도 그런 어린이였던 모양이다.

외아들이었던 홍대용에게 여자 형제도 없었던지는 알 수가 없다. 여하튼 그의 할아버지는 평안도에 벼슬을 해서 떠나게 되었고 11살 때의 어린이 홍대용은 그 때 처음으로 평양을 구경할 수가 있었다. 뒷날 35살이 된 홍대용이 중국 여행 길에 평양을 지나면서 그는 11살 때인 1741년 여름 할아버지 홍용조(1686~1741)를 따라 갔던 평양 연광정練光亭의 추억을 되살려 안타깝고 그립던 옛 생각에 젖기도 했다.

　　그리고 바로 다음해 그는 서울 가까운 곳--지금은 경기도 남양주군 수석리에 있던 석실서원에 입학했다. 이 서원은 유명한 학자들을 많이 길러 낸 유명한 서원이었는데, 그 때 서원의 선생님은 김원행金元行(1702~1772)이라는 높은 학식과 인격을 가진 학자였다. 여기서 그는 여러 친구를 사귀고 그 친구들과 평생을 친하게 지내게 된다. 특히 선생님의 아들이었던 김이안金履安(1722~1791)과는 아주 가까운 친구가 되어 서원을 떠난 뒤에도 편지를 주고 받았으며, 또 홍대용이 농수각이라는 천문대를 만들고 여러 가지 천문 기구를 만들어 두자 그것을 구경하고 이에 대한 글을 써 주기도 했다.

　홍대용은 대강 10년 이상을 이 서원에서 공부한 것으로 보인다. 그 동안 그가 사귄 친구는 아주 많았지만, 특히 평생을 친하게 지낸 친구로는 박지원·황윤석·정철조 등을 뺄 수가 없다. 이 가운데 황윤석과 정철조는 특히 천문학 등에 관심이 높아서 홍대용과는 자주 만나 서로 토론했고, 때로는 밤을 새워 어떤 문제를 함께 풀어보기도 했다. 1780년 중국에 갔던 박지원은 북경의 관상대에 있는 천문 기구들을 쳐다보면서 이렇게 생각했다고 그의 여행기에 적어두고 있다.

　　안에 있는 여러 기구들은 내 친구 정철조의 집에서 전에 본 것과 비슷했다 … 한 번은 홍대용과 함께 그의 집에 간 적이 있는데, 둘이서는 황도·적도·남극·북극하면서 토론했다. 어떤 때는 고개를 끄덕거리고, 또 어떤 때는 고개를 가로저으면서. 그러나 그들의 하는 이야기는 너무 어려워서 나는 더 듣지 않고 잠들고 말았다. 새벽에 깨어 보니 둘이는 아직도 어두운 불 빛 아래 토론을 계속하고 있었다.

　6살 아래였던 박지원은 과학에는 관심이 적었지만, 그 시대에는 최고가는 문학가였다. 『양반전』『호랑이 꾸짖음』(虎叱) 『허생전』 등의 한문 소설을 쓴 것으로도 유명하지만, 그의 중국 여행기 『열하일기熱河日記』 역시 우리 문학사에 길이 남을 명작으로 꼽힌다.

　그런 박지원과는 깊은 우정이 평생 계속되었다. 박지원의 아들은 자기 아버지와 홍대용의 우정이 가장 깊고 또 평생 지속되었다고 회고할 지경이다. 서로 연구하는 분야는 달랐지만, 박지원이 중국 여행을 떠났을 때는 그를 홍대용의 중국 친구들에게 소개도 했고, 박지원의 제자로 우리 역사에 남는 유명한 문필가들이었던 박제가·유득공·이덕무 등을 역시 중국 학자들에게 소개했다. 흔히 이들 학자들을 '북학파'라 부르는데, 홍대용은 말하자면 북학파 학자들의 선배였다고 할 만하다. 그 때에 많은 조선의 학자들은 중국을 차지하고 있던 지배층은 한족이 아니라 만주족이었으므로 청 나라가 되면서 중국을 무시하려는 풍조가 강했던 것이다. 그러나 청나라에는 서양 과학기술도 들어 와 있고, 그 밖에도 많은 배울 것들이 있으니, 누가 중국의 주인이거나 상관말고 중국에서 배울만한 것은 모두 배워 오자는 것이 북학北學이라는 말의 참 뜻이었다.

홍대용이 사귄 친구와 후배 가운데 북학파에 대해서는 역사에 그래도 제법 알려져 있지만, 그가 천문학을 비롯한 과학 때문에 특히 친했던 황윤석과 정철조등에 대해서는 아직 알려진 것이 별로 없다. 황윤석의 글들이 일부만 요즘 책으로 나와 있기는 하지만, 아직 제대로 연구한 학자가 없고, 정철조에 대한 연구는 더욱 적다. 앞에서 소개했듯이 정철조라는 홍대용의 친구는 여러 천문 기구를 스스로 만들어 갖고 있었던 것이 분명한데, 하나도 전해지는 것이 없고, 황윤석이 만들었던 서양식 시계도 지금 흔적이 없다.

그와 관련된 이름들 가운데 몇몇을 간단하게 정리해 보면 다음과 같다.

김석문金錫文(1658~1735) 본관 청풍淸風. 자는 병여炳如. 포천 출신. 영의정 김육金堉의 족손, 숙종 때 음보로 기용되어 여러 관직을 거쳐 1726년 통천군수를 지냈다. 최초로 지전설地轉說을 주장하였는데 주자학의 자연철학을 바탕으로 한 생각으로 판단된다. 고래의 지동설, 즉 사유설四游說을 기본으로 여기에 서양 선교사 나아곡羅雅谷 [Jacques Rho]의 『오위역지五緯曆指』에 소개된 서양 천문학을 결합하여 그의 독자적인 지전설로 나온 것으로 보인다. 그의 지전설은 성리학을 보충하는 설명이라고 그는 저서 서문에 밝히기도 한다. 박지원은 해·달·지구, 즉 삼대환三大丸의 부공설浮空說로 김석문을 중국인 왕민호王民皞에게 소개한 기록이 그의 『열하일기』에 보인다. 저서로 『역학도해易學圖解』가 있다.

김원행金元行(1702~1772) 본관은 안동安東. 자는 백춘伯春, 호는 미호渼湖 또는 운루雲樓. 김상헌金尙憲의 후손. 당숙인 김숭겸金崇謙에게 입양하여 김창협金昌協의 손자로 알려졌다. 홍대용의 선생님이다. 1719년 진사가 되었으나, 1722년 신임사화 때 본가의 할아버지 김창집金昌集이 노론 4대신으로 사사되고, 생부 김제겸을 비롯하여 친형제인 김성행金省行·김탄행金坦行 등이 죽거나 유배당하자, 벼슬의 뜻을 버리고 학문에 전념, 여러 관직에 천거되었으나 부임하지 않았다.

조선 후기 집권층 노론의 학통을 잇는 존재로 '낙론洛論'을 대표하는 위치에서 주리主理와 주기主氣의 절충적인 입장에 서 있었다. 제자로 홍대용洪大容·황윤석黃胤錫과 아들 김이안金履安 등 아주 많다. 『미호집渼湖集』 20권 10책이 있다. 시호는 문경文敬.

원중거元重擧(1719~1790) 본관은 원주原州. 자는 자재子才, 호는 현천玄川·손암遜菴·물천勿川. 1750년 경자식년庚午式年 사마시司馬試에 생원 2등으로 합격하였다. 10여 년간 실직實職을 제수 받지 못하다가 40세가 넘어서야 종8품 장흥고 봉사長興庫奉事가 되었고, 1763년 계미통신사 서기로 일본을 다녀왔다. 그는 1776년 무렵에 장원서 주부掌苑署主簿로 있으면서 『해동읍지海東邑誌』의 편찬에 북학파 학자들과 함께 참여하였다. 세속과 타협하지 않는 기질과 지사적인 삶을 살았고, 시인으로 뛰어난 재능을 보였고 그 덕분에 일본에 가게 되었다. 다른 학자들이 일본을 부정적으로 평가한 데 반해, 그는 서양 문물이 폭주하는 모습을 긍정적으로 보았고, 오사카성의 웅장하고 번화한 모습에 감탄했다. 그의 일본에 대한 긍정적 평가는 박제가 등의 일본관에 영향준 것으로 보인다. 『화국지和國志』와 『승사록乘槎錄』 등이 전한다.

김이안金履安(1722~1791) 본관은 안동安東. 자는 원례元禮, 호는 삼산재三山齋. 김원행金元行의 아들이다. 1762년 천거 받아 경연관經筵官에 기용되었고, 1781년 충주목사, 지평持平, 보덕輔德, 찬선贊善 등을 거쳐 1786년 좨주祭酒가 되었다. 홍대용 박제가 등과 교유하였다. 아버지 문하에 출입하던 성리학자 박윤원朴胤源·이직보李直輔·오윤상吳允常 등과 더 가까워 전통적 성리학자로 알려졌다. 또한 예설禮說과 역학易學에 조예가 깊었다. 시호는 문헌文獻, 『삼산재집三山齋集』 12권이 있다.

이숭호李崇祜(1723~1789) 본관은 용인龍仁. 자는 덕이德而, 호는 물

재勿齋. 1761년 정시 문과에 병과 급제, 이듬해 세자시강원에 초임
되었다가 1763년 이후 예문관, 사간원, 사헌부 등을 거쳐, 1768년
세자시강원에 임명되었다. 성리학에 밝아 경연에 자주 나갔고, 이
때 홍대용洪大容과도 교제하였다. 1774년 대사간, 다음해에 승지가
되었다. 1780년 동지부사로 청나라에 다녀왔고 이듬해 다시 청나라
에 다녀와 대사간에 재임되었다. 1784년 사대문서事大文書의 편집에
착수했으나, 집에 불이 나 문서와 서적이 불탔다. 형조판서·한성
부판윤을 거쳐, 승문원제조로「사신별단使臣別單」·「역원수서譯院手
書」등을 채집하여 한 책으로 만들어 의정부와 각사에 나누어 주었
다. 1789년 함경도관찰사로 재직 중 죽었다. 좌찬성에 추증, 시호는
효간孝簡이다.

황윤석黃胤錫(1729~1791) 조선 후기의 운학자韻學者. 본관은 평해
平海. 자는 영수永叟, 호는 이재頤齋·서명산인西溟散人·운포주인雲
浦主人·월송외사越松外史. 김원행金元行의 문인이다. 1759년 진사시
에 합격, 1766년에 은일隱逸로서 장릉참봉莊陵參奉이 되고, 사포서
司圃署의 직장, 별제를 거쳐 익위사의 익찬이 되었으나 곧 사퇴하
였다.

1779년에 목천 현감이 되었으나 사퇴, 1786년 전생서典牲署의
주부를 거쳐 전의 현감全義縣監이 되었다가 다음해 사퇴하였다.

그의 학문은 실학시대의 학풍을 이어받아 처음에는 이학理學
의 공부에 힘쓰고 『주역』을 비롯한 경서의 연구도 하였으나, 북경
을 거쳐서 전래된 서구의 지식을 받아 이를 소개한 공이 크고, 또
종래의 이학과 서구의 새 지식과의 조화를 시도한 점이 특색이다.

특히 「자모변字母辨」·「화음방언자의해華音方言字義解」 등 국어학사의 연구 자료가 많고, 운학에 대한 그의 연구도 있다. 『이재유고頤齋遺稿』·『이재속고頤齋續稿』·『이수신편理藪新編』·『자지록恣知錄』 등이 있다.

정철조鄭喆祚(1730~1781) 본관은 해주海州. 자는 성백誠伯, 호는 석치石痴.

1777년 정유증광사마시丁酉增廣司馬試에 생원 2등으로 합격, 현감 정후조鄭厚祚와 그림에 뛰어난 정순조鄭順祚가 그의 동생이다. 또 큰 여동생은 박우원朴祐源에게, 작은 여동생은 이가환李家煥에게 시집을 갔다. 정철조와 이가환은 서로 처남매부 사이다.

정철조는 1774년 갑오증광문과甲午增廣文科에 병과 7등으로 급제하여 정언正言을 지냈다. 그는 홍대용洪大容과 함께 김원행金元行의 문하에서 공부했고, 박지원과는 인척이었으며, 이른바 연암 집단인 이덕무, 박제가, 이서구, 유득공 등과 교유하였다. 그 외 이용휴·이가환 부자·정상기鄭尙驥·황윤석·김이안金履安 등과 교류하였다.

정철조는 인중(기중기), 승고(도르래), 마전(맷돌), 취수(수차) 등과 같은 기계들을 손수 만들고 그것을 시험하였다. 그는 서양과학 서적을 연구하여 천문관측이나 역산에 대해서도 상당한 조예를 갖추었다. 그는 또한 『동국지도』를 만든 정상기와 교류하였는데, 지도에 심오한 학문적 조예가 있었다. 다른 한편으로 정밀한 그림에도 뛰어나 정조 임금의 초상화를 그리기도 하였다.

이한진李漢鎭(1732~미상) 본관은 성주星州. 자는 중운仲雲, 호는 경산京山.

벼슬은 감역監役을 지냈다. 전학篆學에 뛰어났으며 음악에도 통하여 그의 퉁소는 홍대용의 거문고와 함께 짝하였다고 한다. 또 이러한 재주로 당시의 명사였던 이덕무·박제가·성대중·홍원섭洪元燮 등과 사귀었다. 글씨는 당나라 이양빙李陽氷의 소전小篆을 따랐는데, 『서청書鯖』에는 그의 전서가 이름은 나 있으나 근골筋骨이 적다고 평하였다.

성대중成大中(1732~1812) 본관은 창녕昌寧. 자는 사집士執, 호는 청성靑城. 1753년에 생원이 되고 1756년에 정시 문과에 병과로 급제하였다. 그는 서얼 출신이어서 순조로운 벼슬길에 오르지 못했지만, 영조의 탕평책 덕택에 1765년 청직淸職에 임명되어 서얼 통청의 상징적 인물이 되었다. 1763년 통신사 조엄趙曮을 수행하여 일본에 다녀왔고, 1784년에 홍해군수興海郡守가 되었다. 노론 성리학파라 할 수 있는데, 홍대용洪大容 등에게 자기 스승 김준金焌에게서 배운 상수학象數學을 전달했다고 알려졌다. 『청성집』 10권 5책이 있다.

장우벽張友璧(1735~1809) 영조 때에 활약한 가곡의 대가. 호는 죽헌竹軒.

서울 출신으로 통례원 인의通禮院 引儀를 지냈고 1년만에 퇴직한 후 유유자적하여 선인으로 통하였다. 노래를 잘 불러 음률을 탐구하고 가법歌法을 만들었는데, 인왕산 바위에 올라앉아 장안을 굽

어보며 노래를 불렀다. 산 밑에 서벽정棲碧亭을 짓고 시가를 읊조렸고, 가객들이 모여 그 노래를 익혔다. 또한 매화점장단법梅花點長短法을 만들었다고 하나 확실하지 않다. 그의 가법은 오동래吳東萊가 전수하였고, 정중보鄭仲甫·최수보崔守甫·하중곤河仲鯤·하규일河圭一로, 또 박효관朴孝寬·홍진원洪鎭源·추교순秋教淳으로 전해져 3대 유파가 생겼다고 한다. 당시 음악에 조예가 깊은 홍대용洪大容과도 만나 음률을 논한 것으로 전한다.

박지원朴趾源(1737~1805) 본관은 반남潘南. 자는 미중美仲 또는 중미仲美, 호는 연암燕巖·연상煙湘·열상외사洌上外史. 서울의 서쪽 반송방盤松坊 야동治洞에서 출생하였다. 1752년 이보천李輔天의 딸과 혼인, 특히 이보천의 아우 이양천李亮天에게서 역사와 문장을 배우고, 많은 논설을 습작했다. 처남 이재성李在誠과 평생의 문우로 지냈다. 1765년 과거에 실패 후 과거에 뜻을 두지 않고 학문과 저술에만 전념하였다. 1768년에 백탑白塔 근처로 이사하여 박제가·이서구·서상수徐常修·유득공·유금 등과 교류했다. 홍대용·이덕무·정철조 등과는 이용후생을 토론하였으며, 유득공·이덕무 등과 서부지방을 여행하였다. 황해도 금천金川 연암협燕巖峽에 은거하여 아호가 연암이 되었다.

1780년 삼종형 박명원朴明源의 진하사절을 수행(1780년 6월 25일 출발, 10월 27일 귀국)하여 북경과 열하를 여행했고, 그 기록이 『열하일기』로 남았다. 1786년에 음사蔭仕로 선공감 감역이 되고, 평시서平市署, 사복시司僕寺, 안의현감安義縣監, 면천군수沔川郡守를 거쳐 1800년 양양부사를 끝으로 물러났다. 이 경험을 바탕으로 『과농소초課農小

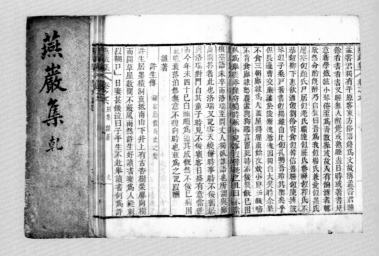

박지원의 〈연암집〉

抄』・『한민명전의限民名田議』・『안설按設』 등을 남겼다.

특히 청淸나라를 배격하는 풍조가 만연하던 시기에 그는 북학 사상北學思想을 내세우고, 그 문명을 수용하자고 주장했고, 서학西學에도 관심을 보였다. 홍대용과의 교유로 천문학에도 조예가 깊어 그의 중국 방문 때에는 중국 학자들에게 홍대용의 지전설을 소개했다. 토지개혁, 화폐 문제, 그리고 중상정책重商政策 등 여러 개혁사상을 보이기도 했다.

저서는 『열하일기』『허생전』『양반전』『호질虎叱』 등 아주 많다. 1910년 좌찬성에 추증, 문도文度의 시호를 받았다.

이덕무李德懋(1741~1793) 본관은 전주全州. 자는 무관懋官, 호는 형암炯庵·아정雅亭·청장관青莊館·영처嬰處·동방일사東方一士 등 많다. 박학다식하고 고금의 기문이서奇文異書에 이르기까지 달통하였으며, 문장에 개성이 뚜렷하여 문명을 일세에 떨쳤으나, 서자였기 때문에 크게 등용되지는 못하였다. 어릴 때 병약하고 빈한하여 거의 전통적 정규교육은 받을 수 없었다. 약관에 박제가·유득공柳得恭·이서구李書九와 함께 『건연집巾衍集』이라는 사가시집四家詩集을 내어 문명을 떨쳤다. 특히 박지원·홍대용·박제가·유득공·서이수徐理修 등과 깊이 교유하여 많은 영향을 받았다. 고염무顧炎武 등 중국 고증학에 심취했고, 1778년 서장관書狀官으로 연경燕京에 들어가 기균紀均·이조원李調元·이정원李鼎元·육비陸飛·엄성嚴誠·반정균潘庭均 등 청나라 학자들과 교유했고, 책들도 많이 가져왔다.

1779년 박제가·유득공·서이수와 함께 초대 규장각 검서관이 되어 14년간 진귀한 서적들을 마음껏 읽고, 규장각의 서적의 정리와 교감에 종사하였다. 규장각 경시대회競詩大會에서 여러 번 장원함으로써 정조의 신임을 받아 1781년 내각검서관, 그 뒤 사도시주부司饗寺主簿·광흥창 주부廣興倉主簿·적성현감 등을 거쳐 1791년에는 사옹원 주부가 되었다. 1793년 병사하자 임금은 장례비와 『아정유고雅亭遺稿』의 간행비를 내어주고, 1795년 그의 아들 이광규李光葵를 검서관으로 임명하였다. 글씨도 잘 썼고 그림도 잘 그렸는데, 특히 지주蜘蛛와 영모翎毛를 잘 그렸다 한다. 저서로는 『앙엽기盎葉記』·『입연기入燕記』 등 16종이 있다.

유련柳璉(1741~1788) 본관은 문화文化. 자는 연옥連玉·탄소彈素, 호는 기하실幾何室·착암窄菴. 1741년 통덕랑通德郎을 지낸 유한상柳漢相의 아들이다. 연암燕巖 학파의 일원이 되어 박지원·홍대용·박제가·이덕무·유득공·이서구李書九 등과 교류하였고, 이외에 서호수徐浩修와도 친분이 두터웠다. 유련은 서호수의 두 아들 서유구徐有榘와 서유본徐有本의 숙사塾師를 지내기도 하였다. 그는 또한 1776년에 사은부사謝恩副使 서호수의 막객幕客으로 중국에 가서 중국의 문인인 이조원李調元과 사귀었다.

그는 중국에 갈 때, 유득공·이덕무·박제가·이서구 네 사람의 시 400수를 뽑아 가져가서 책으로 엮어, 이듬해 『한객건연집韓客巾衍集』을 간행하였다. 이때 중국문인인 이조원과 반정균潘庭筠으로부터 서문과 평을 받아 함께 실었다. '기하실幾何室'이라는 호를 얻을 정도로 수학에 밝았으며, 천문학과 율력律曆에도 조예가 깊었다. 또한 자를 탄소彈素라 하고 이름을 유련에서 유금柳琴으로 개명할 정도로 거문고를 좋아하였으며, 서화, 금석, 전각 등의 예술 전반에 대하여 상당한 재능과 안목을 지녔다.

유득공柳得恭(1749~미상) 본관은 문화文化. 자는 혜보惠甫·혜풍惠風, 호는 영재冷齋·영암冷庵·고운당古芸堂. 영조 때 진사시에 합격하고, 시문에 뛰어난 재질이 인정되어 1779년 규장각 검서奎章閣 檢書로 들어가 활약했고, 그 뒤 제천·포천·양근 등의 군수를 거쳐 말년에는 풍천부사를 지냈다.

저서로는 『경도잡지京都雜志』·『영재집冷齋集』·『고운당필기古芸堂筆記』·『앙엽기盎葉記』·『사군지四郡志』·『발해고渤海考』·『이십

일도회고시二十一都懷古詩』 등이 있다.

특히 『경도잡지』는 조선시대 시민생활과 풍속을 연구하는 데 귀중한 서적이며, 『발해고』는 그의 학문의 깊이와 사상을 규명하는 데 있어서 중요한 저서이다. 규장각 검서로 궁중에 비장된 우리나라, 중국·일본의 사료도 읽을 기회를 가져, 그 저술에 도움이 되었을 것이다. 또한 시는 청나라의 이조원李調元·반정균潘庭均으로부터 '재기종횡才氣縱橫, 재정부유才情富有'하다는 평가를 받기도 했다.

박제가朴齊家(1750~1805) 본관은 밀양. 자는 차수次修·재선在先·수기修其, 호는 초정楚亭·정유貞蕤·위항도인葦杭道人. 승지 박평朴坪의 서자인 그는 시·서·화에 뛰어났고, 19세를 전후하여 박지원을 비롯한 이덕무·유득공 등 북학파들과 사귀었다. 1776년 이덕무·유득공·이서구李書九 등과 함께 『건연집巾衍集』이라는 사가시집四家詩集을 내어 청나라에 그의 이름을 알렸다. 1778년 이덕무와 함께 청나라에 가서 이조원李調元·반정균潘庭筠 등과 교유하였다. 돌아온 뒤 『북학의北學議』을 지었다. 1777년 3월 서얼 허통으로 이덕무·유득공·서이수徐理修 등과 함께 규장각에 검서관이 되어 비장된 책을 마음껏 읽고, 왕명을 받아 많은 책을 교정, 간행하였다. 1790년 건륭제乾隆帝의 팔순절에 두번째 연행燕行했으며, 돌아오다가 압록강에서 다시 왕명을 받아 연경에 파견되었다. 1801년에는 이덕무와 함께 네번째 연행했으나 돌아오자, 흉서 사건 주모자 윤가기尹可基와 사돈이었기 때문에 종성에 유배되었다가 1805년에 풀려나 곧 죽었다.

시·그림·글씨에도 뛰어난 그는 산수·인물화와 생동감이

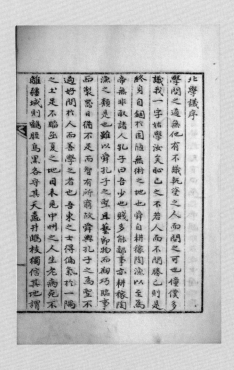

北學議序

學問之道無他有不識乾淨之人而問之可也僮僕多
識我一字姑學汝矣恥己之不若人而不問勝己則是
終身自錮於固陋無術之地也舜自耕稼陶漁以至爲
帝無非取諸人孔子曰吾少也賤多能鄙事亦耕稼陶
漁之類是也雖以舜孔子之聖且藝節物而詢巧臨事
而製器日猶不足而智有所病故舜與孔子之為聖不
適好問於人而善學之者也吾東之士得偏氣於一隅
之土足不蹦出夏之地目未見中州之人生老病死不
離疆域則鶴脛烏黑各守其天矞并鶴枝獨信其地謂

박제가의 〈북학의〉

넘치는 동물 그림을 잘 그려 유작이 몇 남아 있다. 저서로는 『북학
의』·『정유집貞蕤集』·『정유시고貞蕤詩稿』 등이 있다.

　　이서구李書九(1754~1825) 본관은 전주全州. 자는 낙서洛瑞, 호는 척
재惕齋·강산薑山·소완정素玩亭·석모산인席帽山人. 1758년 5세 때
어머니를 여의고, 외할머니에게서 자랐으며, 외숙으로부터 『당시唐

詩』・『사기』・『통감通鑑』을 배웠다. 7년을 지내고 12세가 되던 1765년 아버지에게 돌아왔고 16세 박지원朴趾源을 만나 배우기 시작했지만, 1770년에는 귀양에서 돌아온 아버지를 잃었다. 1774년 정시庭試 병과에 뽑혔고, 시강원사서, 홍문관교리를 거쳐 한성부판윤・평안도관찰사・형조판서・판중추부사 등을 하며 임금의 총애를 받았다. 그는 문자학文字學과 전고典故에 조예가 깊고 글씨에 뛰어났다. 사가시인 중에서는 유일한 적출이었고, 벼슬도 순탄하게 올라갔다. 그러나 어려서 어머니를 여읜 외로움이 일생동안 영향을 미쳤고, 벼슬보다는 은거隱居에 미련을 가졌다. 아들 없음・늙어감・벼슬한 일 - 이 세 가지를 평생의 한으로 여겼다고 한다. 한번도 연행燕行하지 않았으나, 홍대용洪大容과 박지원의 문하에 출입하면서 이덕무李德懋・유득공柳得恭・박제가朴齊家 등과 사귀며 학문과 시국을 논하였다. 22세 때에 이덕무 등과 함께 『한객건연집韓客巾衍集』에 참가, 사가시인四家詩人의 칭호를 얻었다. 문집으로 『척재집』과 『강산초집薑山初集』이 전한다.

이송李淞(생몰년 미상) 본관은 전주全州. 자는 무백茂伯・고청孤青, 호는 노초老樵・서림西林. 박필주朴弼周의 문하에서 수학하였다. 일찍이 사마시에 합격하여 문명을 떨쳤으나, 1756년 아버지가 북도北道에 유배 중 금성金城의 역사驛舍에서 불에 타 죽는 참상을 보고, 벼슬을 단념하고 서산西山에 은거하여 학문 연마에 전념하였다. 특히 성리학에 조예가 깊었고, 대체로 이이李珥의 학설에 동조하는 논지였다. 홍대용洪大容・박지원朴趾源・박제가朴齊家・이덕무李德懋・유득공柳得恭 등과 교유하면서 실학을 깊이 연구하여 실사구시實事求

是의 현실적 측면에 관심을 쏟았다. 한때, 세마洗馬・참봉 등에 임명되었으나 나아가지 않고 저술에만 힘썼다. 저서로는 『노초집』 12권 6책이 있다

할러쉬타인Hallerstein, Augustin von(1703~1771) 유고슬라비아 출신 예수회 선교사. 중국 이름 유송령劉松齡, 자字는 교년喬年. 유고슬라비아의 류블리아나Ljubljana에서 출생, 1721년 예수회에 들어와 오스트리아와 리스본에서 공부한 뒤, 1738년 마카오에 도착했다. 1739년 건륭제乾隆帝의 명으로 북경에서 천문역산서天文曆算書의 편찬에 참여했고, 1746년 쾨글러Ignacius Koegler(중국명 대진현戴進賢)의 뒤를 이어 흠천감欽天監 감정監正이 되어 천문역산서의 편찬을 책임 맡았다. 1766년에는 고가이슬Antonin Gogeisl(포우관鮑友管)과 함께, 홍대용을 만나 서학西學에 대해 토론하고 서양 과학기술에 관한 지식을 전해주었다. 1771년 10월 29일 북경에서 사망. 저서로 『의상고성儀象考成』(Koegler, Gogeisl 공저) 등을 남겼다.

고가이슬Gogeisl, Antonine(1701~1771) 독일출신의 예수회 선교사. 중국 이름 포우관鮑友管, 자字는 의인義人. 독일 바바리아의 지겐부르크Siegenburg에서 태어나, 1720년 예수회에 입회, 중국의 선교사로 마카오를 거쳐 1738년 북경北京에 도착했다. 1745년 흠천감欽天監 부정副正이 되어 26년간 봉직하였다. 1766년 홍대용을 할러쉬타인 Augustin Hallerstein(류송령劉松齡)과 함께 만나 서학西學에 대해 여러 차례 토론하였다. 1771년 10월 북경에서 사망. 저서로 『의상고성儀象考成』(Koegler와 공저)이 있다.

쉬어가는 페이지

乃登嶪巫閭之山南臨滄海北望大漠泫然流涕曰老聃入于胡仲尼浮

于海烏可已乎烏可已乎遂有遯世之志

行數十里有石門當道題曰實居之門盧子曰嶪巫閭處夷夏之交東北

之名嶽也必有逸士居焉吾必往叩之

遂入門有巨人獨坐于枯巢之上形容詭異斫木而書曰實翁之居

盧子曰我號以盧將以稽天下之實彼號以實將以破天下之盧盧實

實妙道之真吾將聞其說

盧子膝行而前向風而拜拱手而立于右巨人俛首視啥然若無見也

盧子舉手而言曰子之與人固者是其偶乎

巨人乃言曰爾是東海盧子也歟盧子曰然夫子何以知之無乃有術乎

巨人乃攘臂張目曰爾果盧子也余有何術哉

見爾服德爾音吾知其爲東海也觀爾禮飾讓以爲恭專以盧與人是以

知爾爲盧子也余有何術哉

盧子曰恭者德之基也恭莫大於敬賢俄者吾見夫子以爲賢者也膝行

6장

홍대용의
저술과
제작

1. 『담헌서湛軒書』

　　홍대용의 글은 오늘날 『담헌서湛軒書』로 남아 있다. 이 책이 처음 정식 간행되기는 1939년이었던 것으로 보인다. 그의 5대손인 홍영선洪榮善이 편찬한 것을 홍명희洪命憙(1888~?)가 교정하여 서울 가회동嘉會洞에 있던 신조선사新朝鮮社에서 연鉛활자로 간행했다. 여기에 정인보鄭寅普(1893~1950)의 서문을 붙여 원래 15책이던 것을 7책으로 합편했다고 되어 있다. 내집이 4권, 외집이 10권으로 합쳐서 7책이다. 원래 15책이었으나 정식으로 간행되기는 이것이 처음이란 뜻이니, 원래는 언제 누군가가 15책으로 엮은 필사본을 남겼던 것이 이 때 정식으로 출간되었다고 생각할 수 있다. 자편고를 바탕으로 증보하여 편찬한 15책의 구본舊本을 5대손 홍영선洪榮善·정인보鄭寅普·홍명희洪命憙 등이 참여하여 수록 내용의 변동 없이 오늘의 『담헌서』를 편찬해 남긴 것으로 보인다. 민족문화추진회에서 1974년

6장
홍대용의
저술과 제작

에 현대어로 번역한 완역본을 출판하였으며, 북한에서는 과학원 고전연구실에서 1960년에 번역 간행하였다. 그 후 여러 차례 영인본도 나왔고, 지금은 고전번역원(www.itkc.or.kr)의 "고전종합DB"로 올라 있어 누구나 간단히 읽을 수도 있다.

책의 구성은 다음과 같다. 맨 앞에 정인보가 지은 서문序文이 실려 있고, 총목總目은 없이 각 권별로 목록이 실려 있다. 먼저 내집內集을 보자.

내집 권1~2 – 잡저雜著 15편이 들어 있는데, 맨 앞에 실린 「심성문心性問」은 심성이기설心性理氣說에 대해 문답식으로 적은 글로, 인물성동론人物性同論, 성즉리性則理 등등 노론老論 가운데에도 낙론洛論을 따르고 있다. 다음에는 『소학小學』・『가례家禮』・『사서四書』・『서전書傳』 등에 관한 의문[問疑]을 다루고 있는데 원래 스승인 김원행金元行에게 질문했던 내용을 정리한 것이다. 김원행의 문집 『미호집渼湖集』 권10 "홍대용에게 답하다"[答洪大容書]에 그 일부가 실려 있

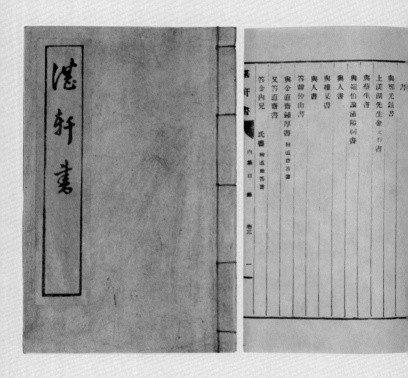

『담헌서』

음을 보아도 알 수 있다.

「중용문의中庸問疑」 뒤에는 청淸나라의 엄성嚴誠에게 편지로 물었던 내용이 덧붙여져 있어서 특이하다. 「미상기문渼上記聞」은 1751년~1754년 김원행에게 배우던 시절의 일화 등을 적은 것이다. 「사론史論」은 주로 『삼국지三國志』와 『진서晉書』에 등장하는 인물과 사건들에 대해 논한 것이어서 우리나라 역사를 다루지는 않고 있다. 「계방일기桂坊日記」는 1774년(영조 50) 12월부터 이듬해 8월까지 세손 익위사 시직으로 근무할 때의 기록으로, 역시 중국 고전을 토론한 내용이다. 익위사翊衛司 시직侍直으로서 후에 정조가 되는 세손世孫을 보필할 때의 일기이다. 세손과 홍대용의 대화를 담고 있어 정조의 학문과 경륜을 이해하는 데에도 중요한 자료가 된다.

권3 - 서書 14편, 서序 6편, 기記 2편, 발跋 4편, 설說 2편, 시詩 24제題로 되어 있다. 편지 가운데에는 스승 김원행에게 보낸 것을 포함하여 여러 가지가 있는데, 특히 김종후金鍾厚가 그의 중국 항주杭州 인사들과의 사귐을 힐난한 데 대해 그 인물이 교유할 만했기 때문이라 변론하며 주고받은 편지도 몇 편 있다. 또한 율력律曆·산수算數·전곡錢穀·갑병甲兵의 중요성을 강조한 편지는 홍대용이 과학기술에 대한 관심을 잘 나타낸 것으로 평가할 수 있다. 서序 가운데에는 부친의 임지였던 나주羅州의 향약鄕約 등에 붙인 서문이 들어 있고, 기記에는 역시 중국 학자 육비陸飛가 보여준 시를 읽고 지어준 글도 들어 있다. 발跋에도 역시 중국인 엄성嚴誠, 반정균潘庭筠, 육비陸飛와 나눈 글을 모아 지어준 글[跋文], 또 반정균의 요청에 응하여 『해동시선海東詩選』을 만든 뒤 붙인 발문跋文 등이 있다. 설說은 학문을 권하며 지어준 글과 스스로 경계한다는 뜻의 자경설自警說이 있다. 시詩로는 뒤에 부록으로 붙인 이정호李鼎祜 등의 차운시를 엮게 된 원운原韻인 "건곤일초정乾坤—草亭 주인主人" 그리고 그 밖에 몇 편과 중국 학자들과 나눈 시들이 있다.

권4 - 묘문墓文 1편, 제문祭文 7편, 애사哀辭 1편, 보유補遺 6편이다. 묘문이란 자신의 아버지 홍역洪櫟에 대한 것으로 반정균의 글이 덧붙여 있다. 제문에는 나석당羅石塘과 김원행 등, 보유補遺로는 『임하경륜林下經綸』이 있다. 전국의 행정조직, 통치구조, 전제田制, 군제軍制, 학교 등을 비롯하여 놀고먹는 양반의 폐단, 사치의 폐단 등 여러 방면에 걸쳐 경국제민의 방책을 제시한 국가 정책에 관한 내용이다. 이것은 농민이 토지를 균등히 소유하고[均田制] 그들이 모두 국방을 담당하는[府兵制] 사회 체제를 주장한다는 점에서는 유형원의 『반계수록』을 계승한 듯하지만, 더 나아가 신분에 관계없이 모두 노동을 하여야 하고 능력에 따라 관직을 맡아야 한다고도 주장한다. 철저한 사회 개혁을 이상으로 삼고 있는 홍대용의 사상이 드러난다.

다음은 허자虛子와 실옹實翁의 문답 형식으로 되어 있는 그의 대표작 『의산문답醫山問答』이다. 실옹의 입을 통하여 저자의 새로운 우주와 세계를 보는 관점들, 즉 지구자전 원리를 비롯하여 천체의 형상 등에서 더 나아가 화이華夷의 구별 등을 상대적인 개념으로 파악하여 기존의 인식 틀을 바꾸어야 함을 강조한 것이 특이하다. 『의산문답』에 대해서는 그 중요성에 비추어 다음 절에서 따로 다루게 된다.

외집外集 10권은 다음과 같다.

권1~3 - 「항전척독杭傳尺牘」, 즉 중국 항주 사람들과의 서신 교환을 다루고 있다. 중국 여행에서 귀국하자마자 홍대용은 엄성·육비·반정균 등과의 만난 과정과 그들과의 필담, 교환한 서신 등을 엮어 「건정동회우록乾淨衕會友錄」을 만들고, 여기에 귀국 이후의 편지들을 모아 놓았다. 앞에 박지원과 민백순閔百順이 지어준 서문이 있다. 권1은 귀국한 뒤 육비(4), 엄성(4), 반정균(5)을 비롯하여 엄성의 형 엄과嚴果(3), 아들 엄앙嚴昻(2), 서광정徐光庭(1), 등사민鄧師閔(4), 손유의孫有義(5), 조욱종趙煜宗(2), 주문조朱文藻(1) 등에게 보낸 편지들을 모아 놓았다. 회우록會友錄 이후의 편지들이다. 천인성명天人性命의 근원, 주자와 육상산陸象山 도술道術의 논변, 세상에 나아가고 들어감이나 성공하고 않는 것 등등을 논한 것으로 박지원은 설명하였다. 중국에서 훌륭한 인물들을 만났지만 금방 헤어져야만 했던 아쉬움을 말한 편지, 안부를 묻는 편지, 학문으로 권면하는 편지 등 다양하다.

권2~3은 「건정동필담乾淨衕筆談」으로, 내용으로 보아 회우록會友錄과 같은 것으로 보인다. 이들을 만나게 된 시말부터 필담한 내용, 교유 과정, 주고받은 편지, 보고들은 기이한 풍물 등을 날짜순으로 자세히 실었다. 맨 뒤에 저자 「건정록 후어乾淨錄後語」가 붙어 있는데, 주로 세 사람의 인물 등과 회우록의 미비점 등을 적어 놓았다.

권4~6 – 『주해수용籌解需用』. 수학의 중요성에 크게 주목한 홍대용은 당대의 수학을 나름대로 정리해 한 권의 책으로 남기고 있다. 여기 대해서도 다음에 따로 절節을 만들어 다룰 필요가 있다. 특히 홍대용은 자기 집안에 만든 천문대라 할 수 있는 농수각籠水閣의 기구들(儀器)을 여기에 소개하고 있기도 하다.

권7~10 – 연기燕記 즉 연행기록이다. 당연히 따로 절을 나누어 설명할 것이다.

부록―박지원이 지은 묘지명墓誌銘, 그리고 이송李淞의 묘표墓表와 이에 대한 정인보鄭寅普의 후기後記가 이어진다. 아들 홍원洪薳이 박지원에게 묘지명을, 이송에게 묘표를 부탁하였던 것으로 밝혀져 있다. 또 종제從弟 홍대응洪大應이 지은 유사遺事가 있고, 그에 이어 김종후金鐘厚의 「애오려기愛吾廬記」가 있다. 홍대용이 자기 거실을 '애오려愛吾廬'라 한 것은 "나를 사랑한다"는 것으로 집 이름을 말한 것이며, 남이 곧 큰 나[吾]라는 생각을 나타낸다고 설명하고 있다.

다음은 반정균의 「담헌기湛軒記」로 역시 중국의 학자 반정균이 그의 부탁을 받아 써준 것이다. 원래 그의 스승 김원행이 홍대용의 집에 붙여준 이름이 '담헌'인데, 이에 대해 기문을 부탁했던 것이다. 이어지는 글은 역시 중국의 육비陸飛와 그의 친구이기도 한 스승의 아들 김이안金履安의 「농수각기籠水閣記」가 각각 하나씩 있다. 나주의 나경적과 안처인이 여기에 혼천의를 만들어 주었다는 사실이 양 쪽 기문에 다 보인다.

또 애오려 8영시愛吾廬八詠詩를 모아 놓았는데, 엄성嚴誠·이정호李鼎祜·손유의孫有義·조욱종趙煜宗·등사민鄧師閔·이송李淞 등이 시를 써넣고 있다. 저자 홍대용의 「건곤일초정乾坤一草亭」 시에 대해서도 7명의 차운次韻을 모아 놓았는데, "천지가 바로 하나의 초집 정자에 불과한 것인데 하물며 사람에게 이겠는가?"라는 정자 주인 홍대용의 시에 맞춰 쓴 시 7편이 들어 있다. 원시에 이어 이정호李鼎祜·이덕무李德懋·박제가朴齊家·유득공柳得恭·손유의孫有義·이송李淞·김재행金在行 등 7명의 시가 있다. 8편의 주제는 다음과 같다. ―산루고금山樓鼓琴, 도각명종島閣鳴鐘, 감소관어鑑沼觀魚, 허교농월

虛橋弄月, 연방학선蓮舫學仙, 옥형규천玉衡窺天, 영감점시靈龕占蓍, 구단사곡彀壇射鵠.

2. 『담헌연기湛軒燕記』와 『을병연행록』

홍대용의 중국 여행기 『담헌연기湛軒燕記』는 『담헌서』 권7~10에 들어 있다. 처음에는 주로 연경燕京을 가고 오는 사이에 만난 사람들에 관해 기록하고 있다. 오상吳湘과 팽관彭冠, 장본蔣本과 주응문周應文, 독일인 선교사 할러쉬타인劉松齡과 고가이슬鮑友官, 그리고 왕위王渭, 장경張經 등등 많은 인물들을 만나고 사귄 과정을 상당히 소상하게 적어 놓았다. 특히 서양의 두 선교사와는 그들의 거처에서 본 각종 이상한 것들奇物, 이들에게 들은 천주교, 그리고 천문학 등에 대해 대화한 내용이 실려 있다. 또 각종 서점, 점포 등의 탐방 소감 등이 기록되어 있다. 권9~10에 포함된 49편의 글에는 각 명승고적에 대한 것과 의례 절차, 의식주의 제도, 기물 등이 각 항목으로 설명되어 있고, 맨 뒤에 중국의 재부총략財賦總略, 연경 길의 노정을 통계적으로 정리해 놓았다. 전체적으로 저자의 치밀한 관찰과 현실 인식, 문장력을 바탕으로 두 나라 문화의 차이, 새로운 문명에 대한 경이로움, 여러 부류의 인간의 삶, 각종 가축에 이르기까지 매우 다양한 방면에 걸쳐 쓰여진 여행기로서, 이후 박지원의 『열하일기』, 박제가의 『북학의』에도 영향을 준 것으로 보인다.

홍대용의 일생에서 그 자신에게 가장 중요한 시간은 아마 그가 중국을 방문한 경험이었을 것으로 보인다. 지금은 세계가 지구

촌이라 불릴 지경으로 좁아져 많은 사람들이 외국 여행을 다니고 있지만, 조선 시대에는 아주 특별한 사람들 만이 외국을 방문할 기회를 가질 수 있었다. 지식층이 외국을 방문할 기회란 해마다 한 번씩 있는 중국방문단과 몇 10년에 한 번씩 있었던 일본 방문이 전부였다. 이 가운데 일본 방문에 대해서는 외교적 필요성에서 '조선통신사'란 이름으로 가끔 일본에 500명 가까운 큰 규모의 사절단이 파견되기는 했지만, 선비들의 관심은 크게 끌 수가 없었다. 조선 시대에는 누구에게나 일본은 아직 조선 보다 미개한 나라로 여겨졌기 때문이다.

그러나 해마다 한 번 또는 그 이상 있었던 중국 방문에만은 거의 누구나 많은 관심을 가지고 기회를 얻기를 원했다. 조선의 선비들에게는 당시 중국 문화는 배울 것이 많은 선진 문명으로 여겨졌기 때문이고, 함께 따라가는 장사치들에게는 사치스런 외제품을 무역해다가 큰 이익을 남길 수 있는 일생일대의 기회가 되었기 때문이다. 홍대용에게 그런 기회가 온 것은 그의 숙부 홍억洪檍이 1765년 연행사의 서장관書狀官이 되어 북경을 방문하게 되었던 덕분이었다. 역시 수 백명으로 구성되는 조선의 사절단에는 대표격으로 정사正使가 있고, 그 아래 부사副使가 있으며, 세번째 벼슬이 바로 서장관이었다. 그리고 이들 대표 외교관 삼사三使에게는 자제군관子弟軍官을 데려갈 수 있는 특권이 주어졌다. 이름과 달리 이들은 군인이 아니라 거의 선비들로서 중국 문화에 관심 많은 비교적 젊은 층이 따라가기 마련이었다.

이미 서양 과학기술에 눈뜨고 있었던 홍대용은 당시 서양 선교사들이 활동하고 있던 북경에 가서 직접 그 내용을 더 자세히 알아 보고 싶은 생각도 많았고, 중국 선비들과도 사귀어 스스로의 학문에 대한 평가도 하고 싶었던 것이 확실하다. 그가 북경에 있었던 60일 동안 홍대용은 정확히 이런 일들에 시간을 보냈던 것을 보면 이를 알 수 있다. 물론 그는 중국을 왕복하는 동안에 이런 저런 관광도 많이 했고, 그것을 기록으로 전하고 있다.

하지만 그의 연행 기록 『담헌연기湛軒燕記』 또는 『을병연행록』 (한글판)은 바로 그가 중국 선비들과 얼마나 깊고 친하게 사귀고 있었던가를 보여주고, 또 서양 선교사들을 직접 만나 그 자신의 연구 결과를 확인하고 싶어했던가를 잘 보여준다. 1765년(영조 41) 11월 2일 서울을 떠난 홍대용 일행은 12월 27일 북경에 도착했고, 거기서 두 달을 머물다가 이듬해인 1766년 3월 1일 북경을 출발해서 4월 27일 서울로 귀환했다. 서울에서 북경까지 가는데 걸리는 시간이 두 달, 북경에 머문 시간 역시 두 달이었고, 또 북경에서 서울로 돌아오는데 다시 두 달이 걸린 셈이다. 그의 연행기록은 바로 이 반년 동안의 일들을 적어 남긴 것이다.

조선 시대에는 많은 학자들이 중국을 방문했고, 그들 가운데에는 적지 않은 사람들이 여행기록을 남겼다. 이들 중국 여행기는 흔히 조천록朝天錄 또는 연행기燕行記라는 이름으로 전해지는데 그 이름은 대개 명 나라 때의 기록인가 또는 청 나라 때의 것인가에 따라 달라질 따름이다. 그런데 이들 대부분이 별로 역사적 가치가 적은 시문집이 많은 것과 달리 김창협·박지원·홍대용 등의 연행기는 아주 충실한 당대의 역사 기록이면서 많은 정보를 담고 있어서 예로부터 많이 읽힌 대표작으로 알려져 왔다. 그 가운데 홍대용은 다른 학자들이나 마찬가지로 한문 연행록을 썼을 뿐 아니라, 순

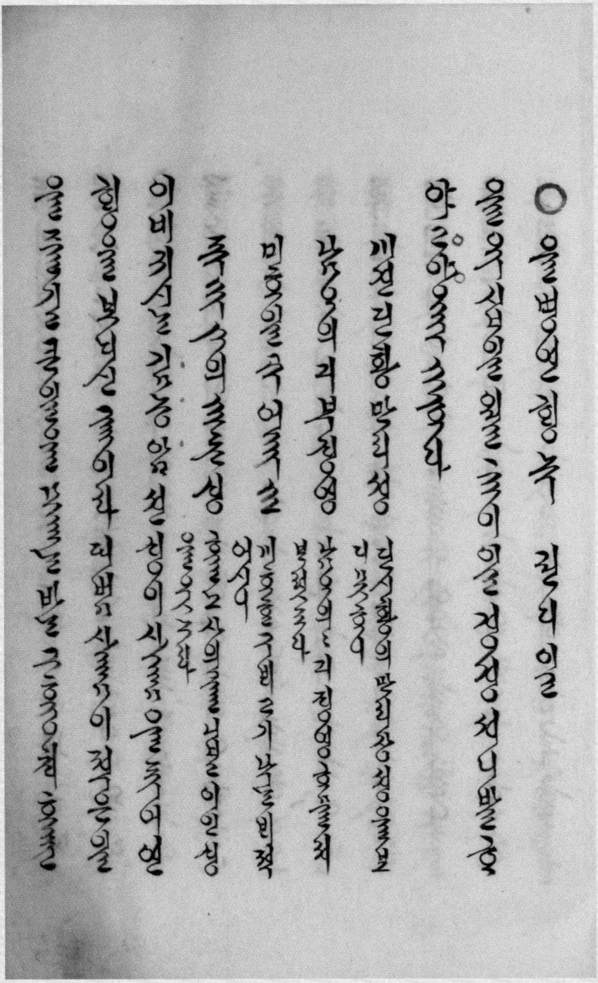

『을병연행록』, 홍대용이 연행을 다녀온 후 어머니를 위해 한글로 쓴 견문록이다(한국학중앙연구원 소장).

한글로 이를 다시 써 남긴 것으로도 높이 평가받을 만하다. 그가 어머니를 위해 다시 썼다는 이 한글 연행록은 문학적으로도 가치있는 것일 뿐 아니라 그 내용의 구성이 한문본과는 달라서 순전히 일기체를 유지하고 있다.

그는 중국 여행을 대단한 기회로 여겼던 것이 사실이다. 그렇지만 압록강을 건널 때 까지 25일 동안은 아직 중국이 아니었고, 이동안 그가 한 일은 주로 관광 뿐이었다. 그가 11살 때 할아버지를 따라 평양 구경을 한 일은 있었지만, 의주를 건너 이국 땅에 발을 디디는 것은 처음이었다. 일단 중국 땅에 들어선 그는 우선 평소에 조금 배워둔 중국어 회화를 시험해 보려했지만, 자기 실력으로는 대화가 어렵다는 것을 금방 깨닫고 말았다. 그러나 당시 언제 쓸 수 있을지도 모르는 중국어를 그나마 배워두고 있었다는 사실만으로도 그가 얼마나 새로운 문화와 새로운 과학지식에 굶주려 있었고, 그 것을 배울 기회를 찾고 있었던가를 알 수 있다.

그러나 그가 중국이라는 새로운 세계에서 마음껏 활동한 것은 역시 북경에 있는 동안이었다. 1601년 이탈리아 출신의 예수회 선교사 마테오 리치(중국 이름 이마두利瑪竇)가 북경에 자리잡고 활동을 시작한 이래 북경에는 대대로 서양 선교사들이 기독교의 선교와 함께 과학기술을 가르치고 있었다. 홍대용이 중국에 갔을 때는 이미 1세기 동안 서양 선교사들이 중국의 천문 기관을 완전히 장악하고 과학자로서 활약하고 있던 그런 시절이었다. 임금을 하늘의 아들(천자天子)이라 여겼던 중국의 정치 사상에서는 천문을 관측하고, 천체 운동을 예보하며, 역법을 다스리는 일은 임금의 일 가운데 가장 중요한 것으로 여겨지던 때였다. 그런데 바로 그 일을 중국인들은 이미 서양 과학자인 선교사들에게 맡겨두고 있었던 것이다.

홍대용이 중국을 갔을 때에는 중국 천문대(당시 그 기관 이름은 흠천감欽天監) 대장과 부대장은 서양의 선교사이며 과학자였던 할러쉬타인(중국 이름 류송령劉松齡)과 고가이슬(중국 이름 포우관鮑友官)이었다. 그는 중국에 있는 두 달 동안 이들을 찾아 간 것이 4일이나 되었다. 그 정도로 홍대용은 서양 과학자들을 만나 새로운 정보를 얻어 보려고 힘썼던 것을 알 수 있다. 처음 그들을 찾아 갔을 때에 서양 선교사들은 동방에서 찾아 온 손님을 환영하지 않았다. 많은 조선 사신 일행이 선교사들이 묵고 있던 남천주당을 찾아 구경하고 또는 이야기도 나눈 일이 있지만, 대체로 그들에게 좋은 인상을 남기지 못했던 때문이었다. 선물을 얻고서는 답례를 하지 않거나 구경 도중 시끄럽거나 함부로 침을 뱉는 등의 무례한 짓들이 있었기 때문에 조선의 손님을 기피하고 있었던 것이다.

홍대용은 이들을 만나기 위해 아주 정중한 편지를 써서 만나기를 청했을 뿐 아니라 품위있는 선물을 먼저 보내기도 했다. 이 과정을 거쳐 어렵게 그는 서양 선교사들을 만날 수 있었던 것이다. 그러나 이렇게 시작된 만남은 첫날 천문학 관계 질문에 대해서는 대답을 피했기 때문에 그리 깊이 있는 천문역산학 관계 정보 교환을 할 수는 없었다. 서로 글을 써서 대화하는 필담筆談 방식으로 대화를 나눴고, 그 내용은 오늘날 홍대용의 문집 속에 「유포문답劉鮑問答」이란 글로 남아 있다. 유송령·포우관과의 대화라는 뜻에서 붙인 제목이다.

여기서 홍대용은 기독교의 성화聖畵도 구경하고 또 기독교에 대해서도 약간 대화를 나눴다. 그러나 대부분은 그가 정말로 관심

있었던 서양의 과학에 대해 묻고 또 구경했다. 그곳에는 몇 가지 천문 기구들이 전시되어 있었는데, 홍대용은 나침반과 휴대용 해시계를 구경했다. 또 자명종과 뇨종鬧鐘도 구경했는데 자명종은 지금으로 치면 추 달린 벽시계 따위를 가리키고, 지금 우리가 자명종이라 부르는 것이 바로 홍대용이 본 뇨종이었다. 그는 또 풍금을 보고 한번 쳐보기 간청해서 연주를 간단해 해 본 것으로 적혀 있기도 하다. 그가 처음 본 악기를 얼마나 잘 연주했는지 의문이지만, 거문고를 언제나 가지고 다닐 정도의 음악가이기도 했던 홍대용은 적어도 그 악기의 이론만은 보는 즉시 설명할 수 있을 정도였다.

그리고 홍대용은 여기서 처음으로 망원경을 구경하고 또 이를 통해 처음으로 해를 관찰할 기회를 얻었다. 망원경은 1608년 서양에서 처음 만들어졌고, 갈릴레이는 이를 천문 관측에 처음으로 이용하여 많은 사실을 발견한 것으로 밝혀져 있다. 기록에 의하면 망원경이 처음 우리나라에 들어 온 것은 1631년 명 나라에 사신으로 갔다가 돌아온 정두원鄭斗源이 천리경千里鏡을 가져 온 것에서 비롯한다. 그 후에도 가끔 망원경이 들어왔을 것이 확실하지만, 막상 망원경을 가지고 하늘을 관찰한 기록은 국내에서는 아직 발견할 수가 없다. 홍대용은 국내에서는 망원경을 볼 기회를 얻지 못한 채 북경에서 처음 그것으로 하늘을 구경하게 된 것이다.

그런데 낮이었기 때문에 태양을 관측할 수 밖에 없었던 홍대용은 망원경을 들여다 보자 금방 깜짝 놀라고 말았다. 태양 한 가운데 반듯하게 가로 줄이 지나고 있었기 때문이다. 놀라서 그 까닭을 묻자 서양 선교사 대답은 그 줄은 햇 속에 있는 것이 아니라 망원경 안에 수평을 잡기 위해 그려 놓은 줄이라는 것이었다. 당시 조선에서는 가장 앞선 과학자라 할 수 있었던 홍대용이 이 정도 밖에 근대 과학의 경험이 없었다는 사실을 보여준다.

홍대용은 1월 24일 새벽에도 길 가에 있는 천상대天象臺를 찾아가 구경을 하게 되었다. 그 안에는 자명종·해시계·혼의渾儀·망원경 등이 있는 것을 구경했다. 또 귀국할 때에는 북경성 동남쪽에 있는 관상대觀象臺를 구경할 기회를 얻었는데, 지금도 그대로 남아 있는 북경 건국문建國門 옆의 고관상대古觀象臺를 가리킨다. 그는 문지기의 호의로 잠깐 둘러 볼 기회를 얻었는데, 마당에는 혼천의渾天儀·혼상渾象·간의簡儀가 있었고, 축대 위에는 서양식으로 제작된 6가지 의기가 있었는데, 그들은 천체의天體儀·적도의赤道儀·황도의黃道儀·지평경의地平經儀·지평위의地平緯儀·기한의紀限儀 등이었다고 기록하고 있다. 지금도 북경의 고관상대 축대 위에는 홍대용이 1766년에 본 그 기구들이 그대로 남아 있는 것같다.

『을병연행록』은 앞에서도 간단히 소개한 것처럼 순 한글로 쓴 그의 중국 여행기록이다. 궁체로 멋지게 필기해 놓은 이 여행기록은 영인본(명지대 출판부, 1983)으로 출판되어 있다. 홍대용이 중국에 다녀온 기록을 날짜에 따라 모두 기록한 것으로 그의 한문으로 된 연행록과 구성도 다르고 내용에도 차이가 있다.

3. 『의산문답醫山問答』

다음의 『의산문답醫山問答』은 저자의 학문관·자연관·사회관·국가관·역사관 등에 대한 종합적인 서술로서, 저자의 사상이 가장 두드러진 부분이다. 30년간 숨어 살며 독서한 후 북경까지 가서 학문을 토론하였으나 아무 소득이 없이 돌아오던 허자虛子가 요동遼東지방에 있는 의무려산醫巫閭山에서 실옹實翁이라는 은자를 만나 대화하는 형식으로 되어 있다. 중국에서 공론과 허론이 끼친 해악을 열거하면서 당시 조선의 공론을 비판하였다. 여기서 그는 지구가 구형이며 스스로 돈다는 최초의 지전설地轉說을 주장하였으며, 태양과 달과 지구의 인력 및 크기, 바람·비·구름·눈·무지개·조석·기온·주야의 시간차 등 자연계의 여러 현상도 설명하고 있다. 특히 전통적인 사상에서 자연과 인간을 설명하는 출발점이 되는 음양오행설陰陽五行說을 장황할 뿐 아무 이치도 없는 것이라고까지 비판하고, 기氣·불[火]·물[水]·흙[土]을 만물 생성의 원형으로 보았다. 이 글은 박지원의 『호랑이의 꾸짖음[호질虎叱]』에도 깊은 영향을 끼친 것으로 평가되기도 한다. 외집은 중국 여행에서 비롯된 글들을 싣고 있다. 『건정필담乾淨筆談』은 1765년(영조 41) 저자가 중국에 갔을 때 엄성嚴誠·반정균潘庭均·육비陸飛 등 북경 건정호동乾淨胡同에 거주하는 학자들과 학문과 정치, 예술과 취미를 필담으로 논한 기록이다.

『의산문답』이란 "의무려산醫巫閭山에서 나눈 빈털터리[虛子]와 속 찬 노인實翁의 대화"라는 뜻이다. 중국 여행에서 돌아 온 홍대용은 중국에서 학자들을 만나 나눈 대화를 정리하기도 하고, 그 때 적어 놓았던 기록을 참고해서 여행 기록을 쓰기도 하면서 금강산 유람을 다녀 오기도 했다. 한편 그는 중국에서 얻은 경험이 힘이 되어 평소에 그가 연구하고 생각해 온 여러 가지 과학의 문제들에 대해 자기 생각을 발표하기로 결심했다. 그래서 쓴 글이 한자로 1만 2천

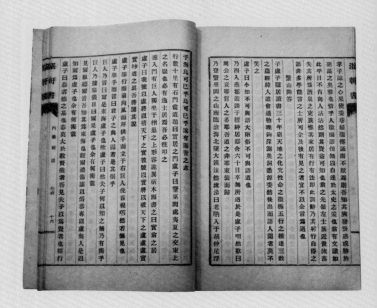

홍대용의 과학사상을 가장 잘 담고 있는 『의산문답』

『의산문답』의 배경이 된 의무려산

〈의산문답〉의 배경인 의무려산에서 바라본 요서평야

자가 되는 꽤 긴 글 『의산문답』이다.

　　여기서 '의산'이란 말은 '의무려산'을 줄인 말이다. 중국에서 조선으로 들어 오는 길에 있는 이 산은 아주 빼어난 경치로 유명해서 중국 사신 일행이 꼭 들리는 산이었고, 홍대용 역시 이 산을 관광하고 돌아 왔다. 그는 이 산에 사는 노인과 이 산을 찾아 간 우리나라의 젊은 학자 두 사람을 등장시켜, 가상假想의 대화를 통해 자기 생각을 밝히고 있다. 그 신령스런 산에 사는 노인 이름은 실옹, 조선의 선비는 허자라 했는데, 그렇게 이름을 지은 홍대용의 뜻은 글을 조금만 읽으면 분명해 진다. "실옹實翁"은 세상 이치를 모두 터득한 속이 꽉 찬 노인이라는 뜻이다. 이에 비하면 조선의 선비는 30년 동안 글을 읽어 자신만만한 사람이었지만, 중국에 가서 견문

을 넓히면서 스스로 자기의 공부가 잘못된 것이었다고 깨달은 속에
든 것이 없는 사람이란 뜻에서 "허자虛子"라 했다.

　조선의 선비 허자가 의무려산에 숨어 사는 실옹을 찾아 가 나
누는 대화로 되어 있는 『의산문답』에는 여러 가지 과학에 대한 내
용이 들어 있다. 홍대용은 이 글에서 이 세상에 있는 생물을 세 가
지로 나누어 풀과 나무는 거꾸로 살고, 동물은 옆으로 살고 있지만,
사람만은 바로 사는 것이라고 구별한다. 또 이 가운데 사람이 가장
귀하다고 허자가 말하자 실옹은 이를 그렇지 않다고 말한다. 그것
은 사람들이 자기 중심으로 생각하기 때문이라는 것이다. 사람을
중심으로 보면 사람이 귀하겠지만, 동물이나 식물을 중심으로 보면
사람이야말로 그것보다 천한 것일 수 있다는 것이다. 홍대용은 이
글에서 사람이 생물 가운데 가장 잘 난 것이 아니라 할 수 있는 것
처럼, 지구도 우주에서 가장 잘 난 것도 아니라고 말한다.

　즉 우주는 무한히 넓고 이 넓은 우주에는 다른 곳에 살아 있
는 생물이 또 있고, 사람같은 지혜를 갖춘 존재도 있을지 모른다는
생각이다. 그는 지구 위에서 물건이 아래로 떨어지는 이치를 지구
둘레에는 '상하지세上下之勢'라는 것이 있기 때문이라고 말한다. 지
금으로 치면 '인력'이랄 수 있는 그런 것을 상상해 말한 것이다. 그
는 이 상하지세는 땅에서 멀어지면 없어진다고 말해서 인력이 지구
중심으로부터 거리가 멀어지면 줄어드는 이치를 거의 마찬가지로
알고 있었던 셈이다. 그런데 지구는 하루 한번씩 자전한다. 또 이
우주는 무한히 넓어서 끝이 없다. 그렇다면 지구 둘레에 어디가 중
심이고 어디는 거꾸로 사는 것이라는 구별이 있을 리 없다. 마찬가
지로 지구와 우주 저쪽 가운데 어느 쪽이 더 중요할 것도 없다. 세

상은 모두 마찬가지이고, 만일 공자가 조선에서 태어난 사람이라면 중국에 대해 역사 책을 써서 유명해 질 것이 아니라 바로 우리나라 역사를 써서 그것을 세계에 유명하게 했을 것이라고도 말한다. 공자는 자기가 살던 노魯라는 나라의 역사를 써서 책 이름을 『춘추』라 했고, 이 책이 올바른 역사를 보는 방법으로 아주 유명했던 것을 예로 들어 말한 것이다.

홍대용이 남긴 글 가운데 가장 그의 과학사상을 잘 담고 있는 부분은 『의산문답』이다. 아마 홍대용은 이 글에서 자기의 평생의 주장이나 사상을 가장 잘 종합해서 남기고 있는 것이 아닐까 생각될 만큼 1만 2천자 정도의 이 글은 제법 길면서도 과학만이 아니라 그의 철학적 생각들 까지를 함께 담고 있다. 우선 흥미있는 것은 이 대화의 무대와 주인공을 왜 이렇게 설정하고 있는가부터 생각해 볼 만하다. 홍대용의 글 가운데에는 문답 형식으로 된 것이 여럿 있지만, 이 글만이 가상의 문답이다. 앞에 이미 소개한 중국에서의 선교사들과의 대화를 적은 「유포문답」이나 역시 중국에서의 중국인 학자와의 문답을 기록한 「장주문답」 등은 모두 실제 있었던 사실을 적은 것이어서 『의산문답』은 그의 유일한 가상 문답인 셈이다. 또 다른 실제 문답과 달리, 홍대용은 실옹과 허자의 문답이 일어난 무대를 중국과 만주의 경계에 있는 이름있는 산으로 잡고 있다. 그 이유는 이곳이 바로 중국과 다른 나라의 경계라는 사실을 강조하기 위한 것으로 보인다.

공부한 사람들은 언제나 중국 문화를 세계의 중심으로 여기고, 그 밖의 세계를 오랑캐라 하여 얕잡아 보았다. 그런 생각이나 태도가 바로 중화中華 사상이었고 이런 태도는 알고 모르는 사이에 중국 문화에 영향받은 우리 선조들 사이에도 널리 퍼졌다. 홍대용은 『의산문답』에서 바로 그러한 중화사상을 깨뜨리려는 것이었고, 그래서 무대를 여기에 잡은 것을 알 수 있다.

등장 인물 역시 대단히 재미있게 설정되어 있다. 30년 동안 온갖 경전들을 공부한 허자虛子라는 선비는 우리나라 사람이라 밝혀져 있지만, 그를 깨우쳐 주는 산 속의 실옹實翁은 꼭 중국 사람으로 설정된 것이 아니다. 홍대용은 이 글을 통해 허자를 깨우쳐 주는 실옹을 중국인이기도 하고 서양인이기도 한 가공 인물로 설정하고 있는 셈이다. 어찌 보면 허자는 바로 자기 자신을 가리키고, 실옹은 서양 선교사와 중국의 깨우친 선비들을 함께 가리킨 것처럼 보이지만, 또 다른 각도에서는 허자란 아직 주자학에만 억매여 있는 조선의 다른 지식인들을 가리키고, 실옹이야 말로 새로운 인식에 도달한 자기 자신을 가리키고 있다는 생각도 든다.

여하튼 머리가 텅빈 사람 이란 뜻에서 붙인 이름이라 생각되는 허자와 머리가 실제적인 것으로 가득 찬 노인이란 뜻의 실옹이 대화를 통해 자연과 우주의 실상을 토론하고, 이를 바탕으로 인간 사회의 이치를 설명해 가는 『의산문답』은 대단히 의미깊은 작품이라 할 수가 있다.

이 글에서 홍대용은 사람들이 가지고 있는 여러 가지 편견을 그 뿌리부터 의심해야 진실이 밝혀진다고 주장한다. 우선 사람들은 인간 중심으로 모든 것을 보고 있지만, 그것부터 고치지 않으면 안된다. 자연의 입장에서 볼 때 인간과 자연의 동물 식물 가운데 어느 것이 더 잘 난 것도 있을 수 없다는 것이다. 이런 겸손한 태도를 가지고 생각해 보자면 지구가 왜 둥글고, 그 둥근 지구에서 위와 아래 모든 곳에 사람이 살 수 있는지도 밝혀진다고도 주장한다. 홍대용은 지구에는 모든 것이 중심으로 쏠리는 상하지세上下之勢가 있는데 마치 자석이 호박을 끌 듯하는 힘이 있다고도 말한다. 지구의 인력을 이미 말하고 있음을 알 수 있다.

또 우주는 무한한 공간이고, 그 가운데 있는 여러 별 들 가운데에는 각각 그 별의 특성에 알맞은 우주인도 있을 수 있다고 주장하고 있다. 이어서 그는 여러 가지 천문과 기상 현상에 대한 의견을 말하고, 전통적으로 믿어져 온 오행五行에 대해서도 의문을 던졌다. 또 지진, 온천, 밀물과 썰물 등에 대한 의견도 말하고 생명의 시작 문제에도 언급하고 있다. 그리고 이런 모든 자연 현상에 대한 객관적 평가를 바탕으로 홍대용이 펼쳐 보이고 있는 태도는 모든 것을 상대적으로 파악하려는 정신이라 할 수 있다. 자연물에는 절대적인 중심이 없다는 것이다. 마찬가지로 인간 세상에도 중국이 중심일 까닭은 없다는 주장이다. 홍대용의 이러한 철저한 상대주의相對主義는 중국이 세계 문화의 중심이라는 당시 지식층의 사상을 거부하게 만든다. 그는 중국과 오랑캐는 마찬가지이며, 공자도 만일 중국 아닌 곳에서 태어났더라면 그 곳의 역사를 중심으로 『춘추』를 썼을 것이 분명하다고 말한다.

홍대용은 이 글에서 사람 중심으로 자연을 설명하려는 인간 중심의 편견을 비판하고, 중국 문화 중심으로 세상을 평가하는 중화사상을 비판함으로써 당시 조선의 지식층들이 갖고 있던 그릇된 태도를 타파하려 했다. 그런 준비가 없이는 새로 자극을 주고 있던 서양의 근대 과학 사상을 받아들일 수 없다는 것을 홍대용은 이미 잘 알고 있었기 때문이었다.

당연히 이와 같은 홍대용의 상대주의는 생물을 보는 관점에만 머물지 않는다. 그는 이미 앞에서도 소개한 것처럼 우주의 별들도 서로 상대적인 것일 뿐이어서 지구가 우주의 중심도 아니며, 지구에만 생물이 사는 것도 아니라고 주장하고 있다. 다른 별들에는 다른 별들 대로 그 조건에 맞는 생물이 있을 수 있기 때문이다.

이런 생각은 다시 지구 위에서의 여러 나라와 민족에 대한 생각으로도 연장된다. 이미 홍대용에 앞서 이익李瀷 같은 실학자는 지구가 둥글다는 생각을 받아들이면서, 그렇다면 둥근 지구 위에서는 꼭 어느 한 곳이 중심이 될 수 없다는 점을 주목했다. 지구가 둥글고 그 위에서는 어느 곳이나 서로 중심이라고 주장할 수도 있다면 그때까지 중국이 정말로 세계의 가운데 있다고 믿고 가운데 나라라는 뜻에서 중국中國이라 불렸는데, 그럴 필요가 없게 된 것을 깨달았던 것이다.

홍대용은 여기서 한 발짝 더 나가 지구상에 살고 있는 모든 인간은 똑같은 평등한 존재임을 강조하고 있다. 당시 조선 왕조는 양반과 천인이 엄격하게 차별되던 신분사회였고, 중국은 세계의 중심이며 그 밖의 나라와 민족은 오랑캐라 구별하던 그런 때였다. 문화의 중심[華]과 야만[夷]을 몹시 차별하던 당시에 홍대용은 화華와 이夷는 서로 다른 것이 아니라고 주장하고 있다. 그는 만약 공자가 이 땅에서 활약했다면 중국 중심의 역사가 아니라 이 나라를 중심으로 역사를 썼을 것이라고도 주장한다.

4. 『주해수용籌解需用』

『주해수용籌解需用』은 수학과 천문학을 내용으로 한다. 부피를 구하는 체적법體積法, 제곱근·세제곱근을 따지는 개방법開方法, 삼각법에 관한 팔선八線·구고句股 등과 천문 지리의 관측 및 그 기구에 대한 내용들이 포함되어 있다.

『담헌서』의 외집 4권이 『주해수용籌解需用』 총례總例와 내편內編 상으로 되어있고, 그에 이은 외집 5권은 『주해수용籌解需用』 내편內編 하이다. 그런데 이어지는 외집 6권은 『주해수용籌解需用』 외편外編 하에 이어 『농수각의기지籠水閣儀器志』가 있으며 그것이 그만이다. 『주해수용』에는 '외편 상'은 없이 '외편 하'만 남아 전해지고 있는 것을 주목하게 된다. 논리적으로 볼 때 '내편 상', '내편 하', '외편 상', '외편 하' 등으로 이어져야 마땅할 터인데, 이 가운데 '외편 상'이 없는 것이다. 여하튼 '상上' 없이 '하下'만 있다는 것은 이상하다. 앞으로 '상'을 발견하게 될지 알 수 없지만, 홍대용의 수학 연구자들이 풀어 가야할 의문이다.

『주해수용』은 맨 앞에 저자가 지은 서문序文이 있다. 현실에 맞게 적용하기 위한 산법算法을 체계적으로 정리한 것으로, 1768년경 부친 상중에 지었다. 총례總例로 구구수九九數를 시작으로 수학의 각종 기본법 등을 제시하였고, 내편에는 덧셈, 뺄셈, 곱셈, 나눗셈을 비롯하여 양전量田, 체적體積, 면적 등 18개 법칙과 직각삼각형 즉 구고句股, 원호圓弧의 수치 계산법인 할원팔선割圓八線 등에 관련된 내용을 실었다. 외편에는 천지의 모양을 알아내는 측량법을 제시하여 몇 가지 예를 들고 실제 관측 결과 등을 설명해 놓았다. 의기설

儀器說(『농수각의기지籠水閣儀器志』)은 저자가 만든 천문 관측기기들을 모아 놓은 농수각籠水閣의 관측기구들을 설명한 것으로, 통천의統天儀·혼상의渾象儀·측관의測管儀·구고의勾股儀 등이 있다. 육비陸飛와 김이안金履安이 지은 농수각의 기문記文은 본집 부록에 실려 있다. 악률해解는 각종 율관律管의 크기 등을 계산해 놓고 있으며, 홍종黃鍾의 변화, 그 밖에도 우조羽調와 계면조界面調의 차이를 설명한 글 등으로 구성되고 있다.

앞에서 그 대강만을 설명해 놓았으나, 홍대용의 『주해수용』에 대한 연구 역시 아직 초보단계에 있는 듯하다. 앞으로 이 수학 책과 함께 그 전후의 다른 수학서들을 연구하는 일도 우리의 과제로 남아 있다고 할 수 있다.

5. 농수각籠水閣

홍대용이 언제부터 천문학에 특히 관심이 있었으며, 천문 기구를 만들어 보려는 열망에 들떠 있었던지는 확실하지 않다. 그러나 그는 아마 어려서부터 천문학과 천문 기구 등에 큰 관심을 가지고 있었음이 분명하다. 마침 서양 천문학 지식이 북경에 와서 활약하고 있던 서양 선교사들을 통해 한문으로 번역 소개되고, 그 가운데 일부 서적은 조선의 지식층에게도 전해지고 있었기 때문에 홍대용은 그런 책을 통하여 그의 호기심을 불태우고 있었던 것이다. 그러나 막상 그런 기구를 스스로 만들만한 기구 제작의 기술이 그에게는 없었다.

그가 정말로 자신의 관심을 실현에 옮길 수 있게 된 것은 1759년 가을 그의 나이 29살 때의 일이었다. 홍대용은 아버지가 목사로 있던 금성錦城(지금의 전남 나주)을 여행하게 되었는데, 그곳에서 당대의 최고 기술자 나경적羅景績을 만나게 되었던 것이다. 그때 이미 70세를 넘기고 있던 나경적은 당대의 최고 기술자로 문하생 안처인安處仁과 함께 여러 가지 기계 장치들을 제작하고 또 연구하는 인물이었다. 홍대용이 그를 방문했을 때 그의 집에는 그가 만든 기계 시계, 즉 자명종이 전시되어 있었다. 홍대용은 그와 만나 담화한 끝에 그에게 온갖 천문 기구와 시계 등을 만들어 줄 것을 부탁했고, 그렇게 제작된 천문기구 등은 그의 고향집으로 옮겨져 설치되었던 것이다.

지금 그 흔적도 찾을 길이 없지만, 홍대용은 이렇게 제작한 장치들을 자기 집 안의 연못 한가운데 건물을 세우고 그 안에 설치해 두었다. 그 장치들을 완성해 가져오고, 건물을 세운 것이 언제인지는 확실하지 않지만, 적어도 일부는 3년 안에 완성되었고, 그 후에도 아마 그가 중국을 방문한 1765년말까지도 다른 기구들이 제작되었던 것으로 보인다. 중국에서 중국 학자들에게 자랑스럽게 이에 대해 소개하는 모습으로도 알 수 있을 뿐 아니라, 중국 학자들에게 이 새 건조물에 대한 글을 부탁해 얻어오고 있기도 한 것으로 보아 그렇게 판단할 수 있다. 『담헌서』 외집에 들어 있는 육비陸飛의 '농수각기籠水閣記'는 중국 학자에게 얻어 온 글이고, 이어지는 김이안金履安의 '농수각기籠水閣記'는 바로 그의 스승 김원행의 아들이며 그의 친구인 김이안의 작품이다.

그의 집 남쪽 연못 한가운데에 세운 천문대를 홍대용은 농수

각롱水閣이라 이름지었다. 중국의 이름난 시인 두보杜甫(712~770)의 시
귀 가운데 한 구절을 따서 지은 것으로 "해와 달은 조롱 속의 새요
/ 하늘과 땅은 물위의 부평초日月籠中鳥 乾坤水上萍"라는 부분에서 한
글자씩을 따서 붙인 이름이다. 연못의 크기가 얼마였는지는 밝힐
수 없지만, 그 모양은 네모로 만들고 그 가운데에 둥글게 섬을 만들
어 그 가운데 농수각을 지었다고 그는 설명하고 있다. 우주를 상징
하는 천원지방天圓地方 모양의 연못을 집 안에 만들고, 해와 달의 운
동을 조롱 속의 새처럼 확실하게 파악할 수 있는 천문학의 길에 눈
을 떴다고 할 수 있을 것 같다. 그렇다고 홍대용이 그의 천문 기구
들을 실제로 사용해서 천문 관측을 시행한 것으로는 보이지 않는
다. 그는 어디까지나 우주의 원리를 이해하고 또 남에게 설명하는
도구로서 이런 기구들을 만들어 놓았던 것 같기 때문이다.

홍대용이 남긴 기록에 의하면 농수각에 설치했던 천문 기구들
로는 통천의統天儀·혼상의渾象儀·측관의測管儀·구고의勾股儀·후종
候鐘 등이 있었던 것으로 보인다. 후종은 기계식 시계를 가리키는
것으로 당시에 중국을 통해 국내에 제법 수입되어 알려지고 있던
서양식의 기계장치를 사용한 시계로 흔히 자명종으로 알려졌던 것
을 가리킨다. 그러나 정확히 어떤 정도로 새로운 장치가 첨가되었
거나 개량되었던지를 지금 알 길은 없다. 구고의란 삼각법을 이용
하여 측량하는 장치였고, 통천의와 측관의는 천문 관측 기구이며
혼상의란 천체 운동을 보여주기 위해 만들어 놓은 전시용 천구의天
球儀라 할 수 있다.

아마 홍대용이 자기 집 안에 천문대를 만들고 여러 가지 천문
기구와 시계 등을 만들어 놓은 것도 바로 황윤석·정철조 등과 사

귀면서 더욱 자극을 받아 그랬을 것으로 보인다.

요즘은 천체 망원경도 값이 그리 비싸지 않은 것으로 하늘을 관찰하며 즐길 수가 있다. 아마추어 천문가들이 들에 나가 밤을 새우며 하늘을 관찰하는 취미를 즐기는 수가 많아지고 있다. 그렇지만 홍대용이 살던 시대는 아직 망원경을 구경하기 조차 어려운 때였다. 사실 홍대용도 북경 갔을 때 비로소 망원경을 처음으로 구경하고, 천주당의 선교사들에게 부탁해서 처음으로 태양을 관찰할 기회를 한 번 가진 것이 전부였다. 그렇지만 망원경이 손쉽게 구할 수 없다 해서 천문 관측이 없었던 것은 물론 아니었다. 혼천의라는 기구를 비롯해서 여러 가지 천체 관측 장치가 있었고, 또 천문 관측은 하지 않고라도 천문을 보여주는 기구를 만들어 책상 위에 놓아두는 선비들은 많았다. 우리가 잘 아는 유명한 학자 퇴계退溪 이황李滉 (1501~1570)도 그런 장치를 만들어 간직하고 있었다.

하지만 그 시절에 자기 집 안에 아예 여러 가지 천문 장치와 함께 시계까지 만들어 두어 자그마한 집안 천문대를 가지고 있던 학자는 홍대용 밖에 없었을 것 같다. 일찍부터 과거 공부 보다는 과학기술에 관심을 가졌던 홍대용은 그의 아버지가 전라도에 벼슬을 얻어 나주 목사로 나가자, 호남 여행을 갔다가 화순의 동복에 있는 물염정이란 곳에서 아주 뛰어난 기술자 나경적을 만나게 된다. 중국에 가기 몇 년 전에 이미 농수각을 만들어 놓고 있었던 홍대용은 중국에서 만난 중국 학자들에게도 농수각 자랑을 마음껏 했고, 또 그의 친구들도 모두 농수각을 구경한 것으로 보인다. 사실 1760년대의 우리나라에서 천문 기구들을 그렇게 여럿 구경할 수 있는 길은 전혀 없었을 것이다. 그러나 아직도 그에게 이런 천문 기구를 만

들어 준 나경적과 안처인, 그리고 농수각에 전시되었던 여러 기구
들에 대해서는 상세한 것이 밝혀져 있지 못하다. 앞으로 연구할 문
제로 남아 있다.

【참고 1】 육비陸飛, 「농수각기籠水閣記」 - 『담헌서』 외집 부록

건륭乾隆(청淸 고종高宗의 연호) 병술년(1766, 영조 42)에 조선의 공사貢使가 왔
을 때 홍 처사 담헌洪處士湛軒이 이들을 따라 함께 왔었다. 나도 이때 조정
의 부름을 받아 북경北京에 들어 왔는데, 여숙旅宿에서 홍 처사를 만났다.
사람이 태도가 공손하고 안색이 온화하여 마치 도道 있는 이로 보였다.
같이 더불어 말을 하매, 담헌은 통역하는 이를 관여시킴이 없이 필담筆談
으로 하는데 그 말은 모두 정程·주朱(정자程子와 주자朱子)의 이理로서 심히
오묘하였으니 나는 두렵게 여겨 존경을 하였다. 조금 있다가 담헌은 또
말하기를, "내 나라에 나경적羅景績이라는 이가 있어서, 노경에 동복同福(전
라도 화순)에 은거하여 측후測候에 대해 깊이 연구하였고, 그 문인 안처인安
處仁은 스승이 만든 것을 더욱 깊이 연구하여 이에 관한 교묘한 생각들이
많았으므로 담헌은 이들을 찾아보고 함께 구제舊制를 수정하여 3년이 걸
려서 혼천의渾天儀 한 대를 만들어 이미 얻어 두었던 서양의 후종候鐘과
함께 내가 살고 있는 집안의 농수각籠水閣이란 곳에 보존해 두고 아침 저
녁으로 관찰 연구한다. 청컨대 나를 위해 기문을 좀 써다오."

하거늘 나는 여기에서 담헌이 기술機術의 묘가 있고 또 평자平子의 대
가大家임을 알았다. 나는 산학算學에 익숙하지 못하기에 감히 천문天文에
대해 논할 수 없다. 그러나 이에 대한 설說이 있으니, 도道는 미묘하여 형
체가 없고 대개 형상이 공허한 것에서 나타나는 것은 모두 질質인데 이것
을 움직이게 하는 것은 기氣이다. 혼천의는 미묘하게 천도天道를 본받은

것이니 가운데 움직이는 것은 기기機인데, 이것을 움직이게 하는 것은 물이다. 천지에 있는 물은 가득 차면 넘치고 얕으면 굳어 말라버리고 곧게 하면 쉽게 흐르고 굽게 하면 천천히 흐르고 탁 치면 뛰고 막으면 그치니, 이것은 다 물의 성질이 아니다. 혼천의에 작용을 주는 물이 쉬지 않고 흘러 자연에 순하도록 그 기기機가 안에서 도는 대로 맡겨 두어 그 사이에 손질을 한다든가 막는 일이 없으면 천지의 운행을 그대로 본받지만, 물이 마르면 중지한다. 그리고 기기機의 톱니바퀴는 서로 맞닿아 소리없이 잘 돌아가게 되니 이런 것이 곧 기술이다. 그러나 이것보다는 더욱 도道에 나아가야 할 것이다. 담헌은 성명의 학을 강구함이 오래여서 그 마음에 가지고 노는 것이 고명하여 기수器數같은 이런 말단적인 기예技藝에 구애되지 아니한다. 지금 서로 헤어지면 만나기 어려울 것이니, 훗날 멀리서 그리워하며 서로 기억이나 하기 위해 그 얻는 바가 깊던 얕던 다소나마 귀에 들려줌이 있어야 하므로 드디어 붓을 들어 기문을 하노라.

【참고 2】 김이안金履安 농수각기籠水閣記 -『담헌서』외집 부록

내가 젊어서 우서虞書(서경書經의 편명)를 읽을 때 선기옥형璿璣玉衡의 글을 마음에 몹시 기뻐했다. 일찍이 여러 주석註釋의 말들을 모아 대나무를 읽어서 기器를 만들어 보았다. 굴리니 빙빙 도는데 마치 물레[紡車] 같았고 졸품이어서 웃음거리가 되었다. 그러나 친구로서 말할 만한 이를 만나면 내어놓고 변질辨質을 하였는데, 홍군 홍지弘之 한 사람뿐이었다.

하루는 홍지군이 호남湖南에서 돌아와 말하기를,

"내가 이번 걸음에 기사奇士를 얻었는데 이름은 나경적羅景績이요 나이 70여 세로 이 기器 제작에 대하여 말을 나누니, 매우 깊이 알고 있기에 함께 힘을 합쳐 완성하기를 약속하였다."고 하였다. 나는 기뻐서 이것을 재촉하여 권유하였더니, 3년 만에 기器를 완성하여 각閣을 지어 이것을 보존해 놓고 이름을 농수각籠水閣이라 하였다. 나는 일찍이 농수각에 올라서 의관을 바루고 엄숙한 태도로써 한 번 보았다. 그 제조된 것을 보니 혼천의의 구제舊制를 토대로, 서양西洋의 설을 참용參用한 것인데, 의의儀가 둘이요, 환環이 열이요, 축軸이 둘이요, 반盤과 기기機가 각각 하나요, 환丸이 둘이요, 윤輪과 종이 약간이요, 그 둘레에는 사람이 하나 앉을 만하고, 그 기機의 톱니바퀴는 저절로 쳐서 주야를 쉬지 않고 돌고 있었다.

대략 그 모양은 이와 같은데, 그 상세한 것은 알기 어려워 다 기록할 수 없다. 나는 생각건대, 옛날에 성인이 신지神智를 창출創出하여 이 기器를 만들어 천운天運의 순역順逆을 관찰하고 인사人事의 득실을 징험하였으니, 그 쓰임이 심히 중하였음을 알겠다. 그리고 그 법상法象의 오묘한 것은 하도河圖·낙서洛書와 서로 통하니 이것은 유자儒者들이 마땅히 마음을 다해 연구해야 할 것이다. 그러나 돌이켜보건대, 세상에서 소홀히 여기고 강명講明하지 않는 것은 무엇 때문인가! 아니, 형상을 상고함에는 이미 상세하나 도道를 천명함에는 미묘하기 때문인가! 역시 역대로 연습沿襲해 온 것이다. 옛 그대로는 아니다. 이에 대해서는 언급을 그만두기로 하고 우선 한 번 눈을 돌려 잠깐 보기로 한다. 하늘의 운행과 땅의 실음[載]과 일월오성日月五星의 빠름과 느림, 참[贏]과 쭈그러듦[縮]의 도수, 그리고 주야晝夜·회삭晦朔·한서寒暑·음양陰陽 등의 변화가 크게는 육합六合에 펼치고 멀리는 우주에 다해서 삼연森然히 갖추어지지 아니함이 없고, 약연躍然히 움직이지 아니함이 없는데, 이것이 눈앞의 궤석几席에 징험하게 되니 정말 쾌하도다! 아! 누가 사람의 기교奇巧가 여기에까지 이르리라고 말하였겠는가! 그러나 나는 시종 참여하여 이것을 듣고 그 완성을 보았으니, 이 또한 어찌 수數가 아닌가! 돌이켜보건대 나는 여기에 감동됨이 있나니, 천지개벽 이래로 제왕들이 선대禪代한 것과 영웅들이 할거割據한 것과 모신謀臣·담사談士·용장勇將들이 치빙馳騁한 것과 공경 귀척公卿貴戚들이 세리勢利를 위해 불꽃 튀기던 쟁탈과 사업가와 문장가들이 세상에 이름을 낸 그러한 것들이, 다 이 〈혼천의〉 속에 있을 뿐이다. 지금 묶어서 이것을 몇 개의 기둥으로 된 옥내에 놓아두어 다만 쟁쟁錚錚하면서 시간 알리는 종소리만을 들을 뿐이니, 어떻게 하겠는가! 하물며 선비가 좁은 나라에 태어나서 세상을 영위營爲함에 그 득실得失을 가지고 발연勃然히 기뻐했다가 발연히 슬퍼했다가 하는 것이 크게 슬프지 아니하리오! 홍지는 일찍이 문학으로 이름이 났었는데, 하루는 벼슬을 사양하고 전원田園에 물러가 은거하여 거문고나 타고 책을 읽으면서 스스로를 즐겼으니, 나는 이것이 우연한 일이 아님을 알겠노라.

屋□字茅舍諸員之　章梦□外其九

夫郎手之樂未易言也　先生之意不回

亡也　重文之情足屋池□□徒然發矚

然　重文既能一覽矣其有進也何待余

言謹用　先生韻賦詩寄之

碧澗鳴不已小屋隱叢篠幽人初罷睡

漠漠春山眠宿雲無定色濃陰點空香

花鳥娛心意此樂何時了商頌舊逸響

不惜知音少莊生亦知道泰山眼中小

悠然成獨笑雲山自幽繚

甲午中秋同學弟□某軒共大容拜

7장

홍대용의
유산

1. 홍대용이 남긴 것

1731년에 나서 1783년에 세상을 떠난 홍대용은 오늘의 우리들에게 무엇을 남기고 갔나?

홍대용이 오늘 우리들에게 남긴 뜻은 대강 세 갈래로 생각해 볼 수 있을 것 같다. 첫째 그는 지구의 자전을 동양인으로는 처음 주장했고, 우주의 무한함과 그 안에 여러 우주인 같은 존재가 가능하다는 생각을 내놓은 자랑스런 과학사상가였다. 잘 알려진 것처럼 근대 과학의 원류는 아무래도 서양에서 찾을 수 밖에 없고, 동양에서는 근대적인 과학적 사상이 거의 처음으로 발표된 경우가 드물다. 그런 뜻에서는 18세기에 홍대용이 동양 학자들 가운데는 처음으로 이 주장을 하고 나섰다는 사실은 두고두고 우리 역사의 자랑스런 대목으로 기억될 것이 분명하다.

둘째 홍대용은 이런 인식에 도달하는 과정을 통해 근대 과학

기술의 중요성에 처음 확실하게 눈뜬 선각자였다. 그는 서양 과학의 근본이 수학적 방법과 실험관찰의 도구에 있다고 파악하고 스스로 그것들을 제작하고 또 서양 과학을 배우려 노력했다. 그는 서양 사람들을 배척하거나 경멸하기는 커녕 새로운 서양 문화를 더 빨리 더 많이 배우기를 희망했던 국제화의 선구자였다. 그런 그의 태도가 당시에 널리 퍼질 수 있었다면 조선 왕조는 더 일찍 근대화의 길에 들어 설 수도 있었을 것이 분명하다.

셋째로 그는 이런 서양 과학의 인식을 바탕으로 주자학적 질서에 안주하던 당시의 지식층을 날카롭게 비판하고 새로운 가치관을 가질 것을 주장하고 나섰다. 그는 모든 것을 무비판적으로 따르고 있는 전통적 태도를 비판하면서, 둥근 지구에서 어느 나라도 중심일 수 없듯이, 그리고 무한한 우주에서 지구만 특별한 자리에 있을 수 없는 것처럼, 모든 가치란 상대적일 수 밖에 없음을 강조했다. 그의 이런 상대주의는 중화사상을 거부하고, 나아가서는 인간만이 고귀

하고 다른 생물은 저열하다는 인간중심의 사상도 공박한다.

인간의 지나친 잘난 멋에 도취하여 사람들은 지난 몇 세기 동안 과학기술의 발달을 활용하여 인간을 위한다는 명목 아래 자연을 온통 파괴해 왔다. 이제서야 인간은 자연을 원상회복하지 않고서는 인간 자신의 운명이 위태롭게 되었음을 자각하고 있다. 지금 우리가 자연을 원래대로 되찾기 위해서는 인간이 자연 위에 군림해도 좋다는 인간 우월의 사상을 먼저 버리지 않으면 안된다. 그런데 홍대용은 바로 그러한 인간의 우월감을 이미 2백여년 전부터 경고하고 있다. 사람은 먼저 긍심矜心을 버려야 한다는 그의 가르침은 위기를 맞은 오늘의 우리 인간이 함께 경청해야 할 귀중한 소리가 아닐 수 없다.

아주 구체적인 유물을 말하라면 홍대용은 별로 많은 것을 남기지 못했다. 그가 살던 집은 그 자리에 새 모습이 되어 남아 있고, 그가 잠들고 있는 묘소가 그 집에서 그리 멀지 않은 곳에 남아 있다. 모두 충남 천원군 수신면 장산리에 있다. 그리고 가장 중요한 것으로는 그의 글들을 모아 놓은 『담헌서湛軒書』가 남아 있다. 또 그 속에는 들어 있지 않은 순한글판 『을병연행록』이 따로 남아 있고, 그 밖에 확실하지 않은 몇 가지 유물이 홍대용의 것으로 얘기되고 있다. 그의 집안 호수에 지었던 농수각과 그 안에 설채해 두었던 여러 가지 천문기구 들은 지금 하나도 전해지지 않고 있다.

이렇게 그가 남긴 구체적인 유물은 빈약한 편이지만, 특히 그의 글 속에 담겨져 우리에게 남겨진 사상은 우리 모두에게 실로 대단한 유산이 아닐 수 없다. 18세기의 조선 학자로서는 생각하기 힘들었던 여러 가지 주장이나 사상이 홍대용이 남긴 가장 귀중한 부분이라 할 수 있는 것이다.

홍대용은 18세기 실학파 여러 학자들과 마찬가지로 당시의 모순된 사회를 바로 잡겠다는 사회 사상이나 정치적 이상을 가지고 있던 지식인이었다. 그런 의미에서는 그는 그의 친한 친구였던 연암燕岩 박지원朴趾源이나 마찬가지로 사회 개혁에 대한 의지 역시 만만치 않았던 것을 알 수 있다. 그렇지만 오늘 우리가 특히 홍대용을 높이 평가하는 까닭은 그에게 독특한 과학적 사상과 과학을 배우려던 열의 때문이다. 만약 그가 꿈꾸었던 것처럼 당시 시작된 서양 근대과학과의 접촉을 잘 이용했던들 조선 왕조는 아주 일찍 근대화 과정에 들어 설 수도 있을 것이라는 아쉬움이 우리들 가슴에 남기 때문이다.

그렇기 때문에 우선 홍대용이라면 우리들에게는 그가 가지고 있던 과학사상에 대해 주목하게 된다. 우리 과학사에서 홍대용이 차지하는 위치는 그의 일생 가운데 다음의 몇 가지 두드러진 대목을 골라 살펴보면 이해하기 쉬울 것이다.

우리 역사 속에는 자랑스런 과학과 기술에 대한 이야기도 아주 많다. 4천년이나 되는 역사를 가진 민족이니 첨성대와 측우기, 고려자기와 금속활자, 거북선과 한글 등 자랑할 만한 과학과 기술의 발자취가 많은 것은 당연한 일이기도 하다. 하지만 우리는 이미 알고 있는 이런 자랑꺼리에 대해서도 그것이 왜 자랑스런 것인지 잘 알지 못하는 수가 많다. 게다가 이런 것 말고도 우리 역사에는 더 많은 자랑스런 선조들의 과학기술 업적이 감춰져 있다는 사실을 모르고 지내는 수가 많다.

사실 반세기 전까지 만해도 우리는 홍대용의 뛰어난 생각을 거의 아무도 알지 못했다. 그 후 몇 몇 학자들이 홍대용이 지구가 하루 한번 씩 자전해서 낮과 밤이 생긴다는 주장을 한 것을 알고 논문을 쓰기 시작했지만, 일반 사람들에게는 그것조차 거의 알려져 있지 않았다. 한참 뒤에서야 홍대용이 동양 사람으로는 처음으로 지전설을 주장했다는 사실은 국민학교 역사 교과서에도 나오기 시작했고, 그래서 점점 더 많은 한국인들이 그의 이름을 알게 되었던 것이다. 그리고 좀 더 관심있는 사람들은 홍대용이 지구의 자전만을 주장한 것이 아니라, 우주는 무한하고 그 안에는 우주인 같은 존재도 있을 수 있다는 그 때로서는 아주 특별한 생각을 갖고 있는 학자였음을 알기 시작했다.

그러나 잘 생각해 보면 홍대용은 17세기에 동양 사람들이 처음으로 서양 과학기술에 접촉하기 시작할 때에 활동하면서, 누구보다도 먼저 바로 그 서양 과학의 뛰어남을 알아차리고 이것을 빨리 배울 것을 주장한 선각자였음을 알 수 있다. 사람들이 살고 있는 세상은 언제나 이런 저런 경쟁이 있기 마련이다. 나라와 민족 사이에도 그런 경쟁은 아주 심하게 벌어질 수 밖에 없다. 이 경쟁에서 앞서 나가면 선진국이 되고, 그렇지 못한 민족과 나라는 후진국 또는 뒤진 나라가 되고 만다. 홍대용은 우리가 서양에 뒤지기 시작하던 17세기에 빨리 서양의 과학기술을 배워서 경쟁에 지지 말자고 외치고 나선 우리 민족의 지도자였다고 할 만하다.

그가 태어났던 고향에서 가까운 충청남도 천안시 삼거리공원에는 그의 업적을 기리는 돌로 만든 비석이 세워져 있다. 그는 지구는 돌며, 우주는 무한하다는 생각을 『의산문답』 속에서 확실히 했고, 그의 실학 사상과 선비 정신은 박지원 등 북학파로 이어졌다고 이 비문에는 설명되고 있다. 특히 이 비석에는 중국에서 그가 사귀었던 학자 엄성이 그린 홍대용의 간단한 스케치 초상이 그대로 옮겨져 들어 있다. 우리나라 방방곡곡에는 여러 가지 선조들의 비석도 많지만, 아마 비석에 초상이 들어간 경우는 이것 밖에는 없을지도 모르겠다.

평생 그리 큰 벼슬을 한 일도 없는 학자 홍대용은 우리 역사에 남아 있는 여러 다른 학자들과는 아주 전혀 다른 특징을 가진 그런 학자였다. 그 시절에 대개의 학자들이 유교에 대한 여러 가지 생각을 발표하고 서로 다른 의견에 대해 다투던 것과는 달리 그는 사람들이 관심을 거의 갖고 있지 않았던 과학 문제에 평생을 바쳤기 때문이다. 비록 그가 살던 시대에 그의 생각대로 다른 사람들이 과학에 크게 관심을 갖게 되고 그래서 우리 민족이 일찍 과학 기술에 눈뜨고 더 일찍 선진국으로 들어가지는 못했던 것이 사실이다. 하지만 홍대용은 바로 그런 시대에 남과는 달리 과학의 중요성에 눈뜨고 이를 연구하고 기록했다는 것이 오늘 우리들에게는 여간 다행이 아닐 수 없다. 만약 홍대용이 없었다면 우리는 우리 과학사에서 귀중한 보물 한 가지를 영원히 가질 수 없었을 것이기 때문이다.

홍대용은 동양 사람으로는 처음으로 지구의 자전과 우주의 무한, 그리고 우주인의 존재까지를 주장한 특이한 과학 사상가였다. 또 그는 『의산문답』을 지어 여러 가지 과학의 새로운 생각을 발표했고, 『주해수용』을 지어 수학의 여러 가지 문제를 통해서 서양 사람들의 수학을 배워 들이려고 노력했다. 또 집 안에는 『농수각』이라는 천문대를 만들어 놓은 선각자이기도 했다. 그는 또 어머니와 여자들을 위해 그의 중국 여행기를 한글로 새로 써 낸 그런 다정한 사람이기도 했고, 밤을 새워 친구들과 토론하는 정열을 가진 젊은 이기도 했다.

그러나 우리는 이런 자랑스런 우리의 선조에 대해서 아직 충분한 연구조차 하고 있지 못한 것이 안타깝다. 홍대용이 쓴 글들은 모아져 책으로 나와 있고, 순 한문으로 쓰여 있는 그 책이 한글로 번역은 되어 있다. 또 홍대용의 업적을 철저하게 읽고 연구해서, 그가 과학 또는 다른 분야에서 어떤 주장과 생각을 가지고 있었는지를 밝히는 일도 아직 제대로 시작되고 있지 못한 형편이다.

이런 연구가 계속되면 홍대용의 글 가운데서도 우리는 언젠가 새로운 사실을 발견하고 더욱 놀라게 될지도 모른다. 어디 그 뿐인가? 다른 선조들의 글 가운데서는 또 얼마나 많은 새로운 사실을 발견하고 놀라고 기뻐하게 될지 알겠는가? 그래서 역사란 언제나 새로 쓰게 마련이다. 한 세대 전에 우리 한국인들은 거의 홍대용이란 이름조차 알지 못했다. 이제 우리는 홍대용을 제법 알게 되었지만, 아직 그에 대해 알아낼 일은 훨씬 더 남아 있을 것도 같다. 그리고 제2의 홍대용, 제3의 홍대용…이 얼마나 더 나올지도 우리는 모른다. 그래서 역사는 언제나 새롭고, 또 언제나 재미있게 마련이다.

2. 홍대용 연구의 역사

홍대용의 실학實學에 처음 주목한 학자는 30년대의 정인보鄭寅普(1893~1950)였다. 그는 『담헌서』에 서문을 썼고, 뒤에 이 책을 설명하면서 『의산문답』·『임하경륜』·『주해수용』·『연기』를 그 대표작으로 꼽았다. 정인보는 특히 이 가운데에도 『의산문답』을 가장 출중한 저술이라고 생각하고 있었는데, 그 까닭은 이 가운데에서 홍대용은 독창적으로 지전설을 주장했고, 또 주자학에 빠져있던 당시의 학문 풍토를 비판하며 실질적인 학문을 강조했다는 점을 들고 있다.

그에 앞서 홍대용보다 후배이면서 친구였던 박지원이 이미 홍대용의 지전설과 우주인설을 높이 평가했다는 것은 앞에서 소개한 것과 같다. 박지원은 그의 중국 기행문 『열하일기』에서도 그런 이야기를 중국 학자들과 나누고 있고, 또 홍대용이 죽자 그 비문을 써서 다시 이런 평가를 내리고 있다.

홍이섭洪以燮(1914~1974)은 그의 『조선과학사朝鮮科學史(1944)』(국문판 1946)에서 홍대용을 북경을 통해 서양 과학을 배우려 노력한 학자로 평가하면서 그의 지전설은 독자적인 발견이라고 단정하고 있다. 이런 과정을 거쳐 홍대용의 지전설이 처음으로 역사가의 주목을 받게 된 것이 1958년 천관우千寬宇(1925~1991)의 논문이었다. 그후 홍대용은 북학파 학자로서 중국으로부터 새로운 문물을 받아들여야 한다고 주장한 실학자로 주목받으면서, 특히 그의 지전설과 우주관이 중국, 일본, 북한 그리고 한국의 여러 학자들의 연구 대상이 되어왔다.

그런 가운데 70년대에는 한국과학사학회가 주최하는 그의 지전설의 독창성에 대한 토론회가 열리기도 했다. 또 그의 과학적 업적에 대해서는 그의 탄생 250주년을 맞은 1981년 박성래의 논문 「홍대용의 과학사상」에서 대체적인 정리를 마무리했고, 문학적 측면을 중심으로 홍대용의 생애 전반을 한 권의 책으로 정리한 김태준의 『홍대용 평전』이 1987년 출간되었다. 그 사이 처음에는 아주 참신한 독창이라고 단정되었던 지전설은 시간이 지나면서 서양 천문학 책을 읽고 그들이 잘못이라 인정하던 주장을 홍대용은 뒤집어 받아들인 독창적 일면이 있었다는 쪽으로 수정되어 왔다. 문학적 내지 과학사적 평가가 어느 정도 정리되자, 최근에는 그의 사상의 철학적 평가를 위한 노력으로 연구가 활발하게 진행되고 있다.

2011년 8월 언론 보도를 보면 천안시는 수신면 장산리 홍대용 생가의 이웃 야산 1만4천여 ㎡에 지하 1층 지상 3층 규모(건축면적 3천248㎡)로 전시실과 교육시설, 공용시설 등을 갖춘 '홍대용 과학관'을 2013년 12월 준공할 계획이라고 발표했다. 그 사이에도 홍대용의 이름을 달고 등장한 연구 기구 등의 노력이 없지 않았으나, 지속적으로 성과를 내고 유지된 경우는 없었던 것으로 보인다. 그의 고향에 '홍대용 과학관' 같은 기관이 생긴다면, 홍대용에 대한 지속적 연구와 선양의 계기가 될 수도 있을 것이라 기대되는 대목이다.

1731년(영조 7, 1세)   3월 1일 천원군 수신면 장산리 수촌마을에서 홍역洪櫟
과 청풍김씨 사이에서 맏아들로 태어나다. 본관은 남양南陽이며,
자는 덕보德保, 호는 담헌湛軒이다.

1742년(영조 18, 12세)   남양주 석실서원石室書院에서 미호渼湖 김원행金元行
에게 나가 배우다.

1747년(영조 24, 17세)   한산 이홍중李弘重의 딸과 혼인하다.

1754년(영조 30, 24세)   석실서원 회강에서 『소학小學』을 강론하다.

1756년(영조 32, 26세)   9월, 〈봉래금사적蓬萊琴事蹟〉을 짓다.

1755년(영조 31, 25세)   연암燕巖 박지원朴趾源과 교유하기 시작하다.

1756년(영조 32, 26세)   석실서원에서 이재頤齋 황윤석黃胤錫을 처음 만나다.

1758년(영조 34, 28세)   부친이 나주목사로 부임하자 따라가다. 이 때 화순
에 은거한 호남의 실학자 나경적羅景績을 찾아가 교유하며 새로운
기술방식의 혼천의渾天儀와 후종候鐘[자명종] 등을 제작하다.

1762년(영조 38, 32세) 혼천의와 자명종을 완성하다. 고향집에 '농수각籠水閣'을 짓고 그곳에 혼천의와 자명종을 보관하다. 나경적이 사망하자 제문을 짓다.

1765년(영조 41, 35세) 작은 아버지 홍억洪檍이 중국 사행의 서장관書狀官으로 가게 되자, 수행 군관의 자격으로 연경燕京에 가다.

1766년(영조 42, 36세) 연경에서 천주당을 방문하여 흠천정감欽天正監 유송령劉松齡과 부감副監인 포우관鮑友管 신부를 만나다.
항주杭州에서 온 선비 엄성嚴誠, 반정균潘庭筠, 육비陸飛 등을 만나 형제의 의를 맺다. 3월 11일 연경을 떠나 5월 2일 고향집으로 돌아오다. 귀국후 중국에서 벗들과 나눈 필담과 편지를 정리하여 「건정동회우록乾淨衕會友錄」을 엮다.
북경 여행에 대한 기록은 이후 한문본인 『연기燕記』와 한글본인 『을병연행록』으로 정리되다.

1767년(영조 43, 37세) 11월, 부친상을 당하다. 시묘살이를 하고 과거를 단념하다.
『해동시선海東詩選』 4책을 완성하여 항주의 반정균에게 보냄.
한편 홍대용은 연경 여행과 중국 학자들과의 교유에 대해 비난한 김종후金鍾厚와 편지로 논쟁을 벌이다.

1768년(영조 44, 38세)   부친의 묘소를 지키며 학생들을 가르치다. 중국의
벗 엄성이 사망했다는 소식을 듣고 조문을 지어 보내다.

1770년(영조 46, 40세)   부친의 상을 마치고 금강산을 여행하다.

1772년(영조 48, 42세)   스승 김원행이 별세하자 제문을 짓다.
『의산문답醫山問答』과 『주해수용籌解需用』이 이 때를 전후로 지어진
것으로 추정된다.

1774년(영조 50, 44세)   선공감 감역, 돈녕부 참봉이 되다. 동국시절의 정조
임금을 보위하는 세손익위사 시직侍直이 되다.

1775년(영조 51, 45세)   이해 8월까지 17개월간 동궁과 주고받은 말을 일기
형식으로 기록한 『계방일기桂坊日記』를 남기다.

1776년(영조 52, 46세)   정조가 즉위하자 사헌부 감찰이 되다.

1777년(정조 1, 47세)   7월에 전라도 태인현감에 부임하다.

1779년(정조 3, 49세)   경상도 영천군수가 되다. 이듬해 2월에 부임하다.

1783년(정조 7, 53세)   모친의 병을 핑계로 영천군수를 사직하고 고향으로 돌아오다. 10월 23일, 중풍으로 별세하다. 12월에 청주 구미평에 장사지내다. 박지원朴趾源이 묘지명을 짓다.

1939년   저술을 모아 엮은 『담헌서湛軒書』를 신조선사에서 간행하다.

천관우, 「홍대용의 실학사상」, 『문리대학보』 6-2, 1958.

손영종, 「담헌 홍대용의 선진적 사상에 대하여」, 『력사과학』, 1959.

李龍範, 「李翼의 地動論과 그 論據 - 附:洪大容의 宇宙觀」, 『震檀學報』 第34號, 1972.

홍대용, 『국역 담헌서』 1~4, 민족문화추진회 편·발행, 1974~1975.

全相運, 「湛軒 洪大容의 科學思想 - 그의 地轉說 再論」, 『實學論叢 - 李乙浩博士』, 1975.

金柄夏, 「湛軒洪大容」, 『韓』 7-5, 韓國研究院, 1978.

朴星來, 「韓國近世의 西歐科學 受容」, 『東方學志』 제20집, 1978.

小川晴久, 「十八世紀 哲學과 科學사이 - 洪大容과 三浦梅園」, 『東方學志』 20, 1978.

_____, 「地轉(動)說에서 宇宙無限論으로 - 金錫文과 洪大容」, 『東方學志』 21, 1979.

趙 珖, 「洪大容의 政治思想 研究」, 『民族文化研究』 14, 1979.

Park Seong-Rae, 「Hong Tae-yong's Idea of the Rotating Earth」, 『한국과학사학회지 (Journal of the Korean History of Science Society)』 1, 1979, pp.39~49.

金容雲, 「算學,曆算을 통해서 보는 洪大容의 天文學」, 『編纂彙報』, 정신문화연구원, 1980.

金漢植, 「洪大容의 個體性 論據와 政治思想上의 評價」, 『精神文化』 10, 1981.

琴章泰, 「北學派의 實學思想 - 洪大容의 科學精神과 朴趾源의 實用精神」, 『精神文化』 10, 1981.

朴星來, 「洪大容의 科學思想」, 『韓國學報』 23, 1981.

金泰俊, 『洪大容과 그의 時代; 燕行의 比較文學』, 一志社, 1982.

유봉학, 「北學思想의 形成과 그 性格; 湛軒 洪大容과 燕巖 朴趾源을 중심으로」, 『韓國史論』
    8, 1982.

河聲來, 「頤齋 黃胤錫의 西洋 科學思想 受容; 湛軒 洪大容과의 관계를 중심으로」, 『전통문
    화연구』 1, 명지대, 1983.

김태준, 「『熱河日記』를 이루는 洪大容의 화제들; 18세기 실학의 성격과 관련하여」, 『東方
    學志』 44, 1984.

金 泳, 「洪大容의 讀書論」, 『淵民 李家源先生』 七, 정음사 1987.

金惠婉, 「『毉山問答』을 통해서 본 洪大容의 新學問觀」, 『首善論集』 제11집, 성균관대학교
    대학원, 1987.

이상 1990년 이전의 저술 몇 가지만 수록했으나, 그 후의 수많은 논저는 쉽게 찾아볼 수
가 있으므로 생략한다.